RETAIL'S
SEISMIC SHIFT

零售巨变

如何赢得客户，决胜零售新未来

〔美〕迈克尔·达特（MICHAEL DART）〔美〕罗宾·刘易斯（ROBIN LEWIS）◎著

姜欣◎译

HOW TO
SHIFT FASTER,
RESPOND
BETTER,
AND WIN
CUSTOMER
LOYALTY

中信出版集团｜北京

图书在版编目（CIP）数据

零售巨变：如何赢得客户，决胜零售新未来：英文 /
（美）迈克尔·达特，（美）罗宾·刘易斯著；姜欣译
. -- 北京：中信出版社，2023.1
书名原文：Retail's seismic shift : how to
shift faster, respond better, and win customer
loyalty
ISBN 978-7-5217-4956-4

I. ①零… II. ①迈… ②罗… ③姜… III. ①零售业
－商业经营－研究－英文 IV. ① F713.32

中国版本图书馆 CIP 数据核字（2022）第 221222 号

零售巨变——如何赢得客户，决胜零售新未来
著者：　　　［美］迈克尔·达特　［美］罗宾·刘易斯
译者：　　　姜欣
出版发行：　中信出版集团股份有限公司
　　　　　　（北京市朝阳区惠新东街甲 4 号富盛大厦 2 座　邮编　100029）
承印者：　　唐山楠萍印务有限公司

开本：880mm×1230mm 1/32　印张：10　　字数：208 千字
版次：2023 年 1 月第 1 版　　　印次：2023 年 1 月第 1 次印刷
京权图字：01-2019-5498　　　　书号：ISBN 978-7-5217-4956-4
　　　　　　　　　　　　　　　定价：59.00 元

对《零售巨变》的其他赞扬

这是一种对"零售业末日"的独到视角。这本书在研究电子商务的崛起之外，真正理解了推动这些变革的宏观和社会学力量，并阐释了这些变化对我们这个社会的影响。

——劳伦·赫希，路透社并购/零售通讯记者

这是一本了不起的巨著，详述了零售领域面临的巨大变化。达特和刘易斯的见解有助于我们理解未来零售世界谁将是赢家和输家。

——史蒂夫·萨多夫，Saks Inc 前董事长兼首席执行官，

美国零售联合会主席

迈克尔·达特和罗宾·刘易斯合著的另一本书

《零售业的新规则：战斗在全球最艰难的市场上》

献给大卫、艾利森和雅尼娜

献给玛莎和克洛

目 录

第五部分
纵观全局

前　言

零售巨变

对富有创造力的企业家来说，现在是开展零售业务的最佳时机。正如本书将会证明的那样，机会无处不在。对老牌零售商来说，变革的挑战前所未有，而且空前迫切。对普通人而言，我们的社会将发生翻天覆地的变化。商店、品牌和许多面向消费者的企业面临倒闭的风险，甚至零售生态系统中的常用词汇和语言——"商店""零售""批发"，甚至"传统实体商店"都将不复存在。这些词汇如同存在于脆弱的断层上，那些断层距离彻底破碎只有一步之遥。

要想充分了解社会，必须了解零售业（广义上是商业）；要想了解零售业（或者在零售业中取得成功），也必须了解社会及其发展方向。

考古学家和历史学家在试图描述古老的文化或那些灭绝的文化时，往往会关注人们的购物习惯。研究人们买什么、为什么购买以及如何购买，为理解社会提供了独特的视角。古希腊和罗马的市场不仅仅是商业场所，那里还经常发生政治动乱；亚洲的丝绸之路在进行贸易的同时也传播了新思想（如佛教从印度传入中国）。对中世纪早期市场的研究，使人们了解了紧密联系在一起的当地社区状况；对零售和消费者的研究，使我们得以看到生活独特的一面。

现在依然如此。

大约在 2016 年，地球"裂开了"。供应过剩和需求骤降这两个板块碰撞所产生的巨大压力，引发并加速了零售业和面向消费者的行业历史上规模最大、影响最深远的经济转变。要想在混乱和这种转变带来的巨大影响中生存下去，企业必须从根本上改变它们的商业模式、目标和战略。成功实现自我转变的企业，将为21 世纪创造一个截然不同的经济和零售格局；那些未能成功实现转变的企业，将会从裂缝中掉下去，不复存在。

从积极的角度来看，这一转变令人兴奋，因为它为更好地重塑零售格局提供了巨大机遇。同时，这也是一个巨大的挑战，因为要完成这些转变非常困难，而且成本高昂。然而，零售企业别无选择，要么成功，要么消失。

我们感受到了这一巨变早期的轰隆声，把它记录在了于2014 年出版的第二版《零售业的新规则》中，并且认为零售业将很快感受到这场震荡的全面影响。于是，我们开始探索它的起源：新兴的消费者获得了空前强大的科技和互联网的力量，他们可以无限制地、即时地获取他们想要的任何东西。

一位首席执行官对我们说："我无法相信从 2016 年 8 月起一切都变了，但的确如此，从那以后，一切都变了。"那时，我们知道早期的震动已经开始了。

大众媒体和商业媒体从那时开始报道这一转变的一些表现。《大西洋月刊》发表了一篇题为《2017 年零售业的大灾难》的长文。同样，《纽约时报》《华尔街日报》、美国消费者新闻与商业频道、《彭博商业周刊》以及其他各种出版物也纷纷报道大量门店关闭的消息，比如梅西百货公司、派勒斯鞋业公司、体育权威公司和 AA 美国服饰公司，以及它们糟糕的销售和盈利报告。这些报道表明零售业正在发生重大变化。然而，它们只是单纯报道有关事件的新闻和事实，并没有解释变化产生的原因、这些变化带来的结果和这些趋势对未来的影响，也没有对零售商应该采取何种措施提出任何建议。

本书全面论述了这些报道没有涉及的内容。我们描绘了关于未来与新兴商业模式的构想，这些商业模式有助于零售商在未来蓬勃发展。

不仅仅是科技和互联网的原因

是什么导致了这些变化呢？

与咨询师、学者、经济学家和企业高管的普遍看法相反，本书认为这种巨变并不完全是互联网和科技造成的。尽管互联网和科技是让零售业陷入困境的重要原因，而且是零售商必须做出转变的原因，但还存在一些更强大、更占主导地位的不为人知的力量。我们对所有原因进行了分析，最终确定了推动这场转变的最强大的一股力量。

我们认为，供求不平衡——一个极端的、永远供过于求的市场——是导致消费者行为变化的主要原因，也影响了消费者和公司对科技和互联网的使用方式。这种不平衡将在新的商业模式演变的过程中发挥主要作用。

抗拒引力

全球物质财富供应的增长速度远远超过了人们对它们的需求，这一现象始于西方发达国家，并随着供应总量的持续增长而逐渐蔓延到全球。在大多数人还没有注意到的时候，这一切就悄无声息地发生了，且愈演愈烈。即使是最极端的反全球主义者也无法阻止它。我们购买的几乎所有东西——从你身上的衬衫到口袋里的手机，再到冰箱里的食物——的库存都在不断增长，商品的价格持续下跌，最终趋近免费。在后面的章节中，我们会更详细地讨论全球供需动态。

经济学原理告诉我们，我们为商品和服务所支付的价格反映了供应和需求之间的相对平衡。可预测的价格是维持经济稳定、健康增长所必需的要素。如果供给或需求长期超过另一方，就会发生糟糕的事情。供给过多会引发通货紧缩，供给过少会引发通货膨胀和经济泡沫，而经济泡沫最终会破灭。这种严重的失衡将在商业和经济中推动同样巨大的战略和结构的转变，比如我们所看到的大规模促销打折。也许对工人和老板来说更重要的是，如果长期供过于求，企业的盈利能力会急剧下降，商业模式缺乏竞争力的企业将会倒闭。

我们之后会详细介绍这些情况。全球产能过剩已达到临界点，为了恢复健康、盈利的增长，各行各业的企业不得不寻求新的战略和商业模式。价格持续下跌，而供应依旧在增加。

这种物质产品的过剩也极大地改变了消费者评价商品的方式。每一代人对物质产品都有一种新态度，人们更加强调体验和意义，更重视便利性，从重视所有权转向重视协作（也就是共享经济），越来越渴望作为个体被理解。在本书中，我们认为这些态度的转变意味着猖獗消费主义的终结，因为消费者开始在生活中寻求更有意义的事情，把他们的时间用于努力而不是购物，并且不再像过去那样看重所有权。

我们正在进入一个新的时代，企业的成功与否将取决于：（1）价值观——理解年青一代的道德价值观，并围绕这些价值观制定零售策略（消费者的价值观体现在其生活方式、体验和意义上）；（2）分销——能够提供快速、无摩擦和高度便利的服务；（3）体验。

这是一种赢者通吃的经济，那些夹在中间的商业模式很快就会沦为底层的输家。

这就是现在的市场。

首先，我们将更深入地解释为什么这种长期的供需失衡存在并将继续存在，并讨论它对这次巨变的强大推动作用。然后，我们会考察西方社会日益碎片化的本质，以及科技如何在加剧和塑造这种趋势的同时，带来新的商业机会。通过理解这些因素之间的联系，你将会看到消费者心理是如何变化的，以及消费者正在寻找什么。最后，我们将探讨如何在面向消费者的业务中取得成功。

接下来进入正文。

第一部分

起因

第一章
供需失衡

根据美国零售联合会的数据，从 2015 年 8 月至 2016 年 10 月，100 家最受欢迎的零售商和餐厅的市值平均缩水 12%。而在此期间，亚马逊的股价上涨了近 45%。这仅仅是个开始。

我们喜欢地震这个比喻，因为我们认为世界各地的发达经济体正在经历一场地震式的转变，这种巨大转变是由对传统产品（主要包括服装、食品、玩具、电子产品、家居用品和鞋类）的供应量过多而需求量过少引起的。这对消费者来说是一件好事，因为他们可以享受更多的选择和更优惠的价格；而对零售商和制造商来说这是一件坏事，因为他们将面临价格的迅速下跌和利润的下降。过饱和几乎是企业寻求持续增长的必然结果。持续的增长需要企业不断增加产能，提高效率，进而降低成本。这种动态也会造成产品和服务的商品化，即不同品牌的产品没有实质的差异，从而导致价格上的激烈竞争。当消费者分不清两种产品或服务的差别时，他们通常会选择更便宜或更方便的产品和服务。

这一过程已经持续了很长时间，尽管它的弊端才刚刚开始显现。根据国际货币基金组织的报告，在过去的 140 年间，实际商品价格每年下降约 1%。[1] 我们在减少投入、提高生产效率和创造替代能源方面的能力导致生产成本不断下降。最近发生的油价下跌是由于水力压裂技术的创新增加了石油供给量。每一个制造和信息技术过程都有一个持续的学习曲线，随着时间的推移，产品的生产效率不断提高，价格不断降低。例如，在超级计算机领域，1968 年，1 美元只能买到一个晶体管。2002 年，1 美元可以买到 1 000 万个晶体管。而今天，1 美元可以买到近 10 亿个晶体管！

这样的例子比比皆是。比较一下 10 年前买的彩电和今天的彩电，你会发现今天的彩电价格更低、质量更好。再来回顾一下早期的电视，如果换算成今天的美元，一台 1939 年美国无线电公司生产的电视价值 10 539 美元，是一台拥有三维视景和互联网接入功能的现代电视价格的十倍多。[2] 经过深入研究，我们发现金属、塑料和玻璃等商品的成本降低了，科技公司的学习曲线进程在加快，制造能力也在提高（中国、日本和韩国等国继续大量生产商品）。此外，配送点（零售商店、网站、配送车辆等）也越来越多，不难看出，价格的降低增加了各种物质的供给。事实上，从长期来看，物质商品的价格正在向零靠近！尽管听起来有些疯狂，但这就是趋势（在某些特定的年份，政治活动、恶劣天气、股市波动或其他未知因素可能导致价格上涨，但不会打破长期趋势）。然而，如果世界上的许多物质财富都是免费的，那么我们有必要思考一下这会带来什么后果。以物质财富、所有权和品牌为例，消费者对这些东西的态度和欲望都将发生改变。

需要注意的是，在零售生态系统中唯一不能商品化的元素是体验。我们将从第七章开始深入探讨体验。

我们先来看供需理论。

供需失衡的起因与发生时间

随着全球化的兴起和制造业向低成本国家的转移，供需失衡开始全面加剧。与此同时，全球配送和本地配送的成本都大幅下降。

2016 年前 9 个月，中国生产了 1 700 亿英尺[①] 的服装，[3] 约合 210 亿件 T 恤，这还是在很多公司转移到了工资较低的国家的情况下。世界发达经济体大约有 5 亿人口（假定中国不断壮大的中产阶层会买走其中的一部分衣服），这些经济体中每个人每年需要购买大约 350 英尺的服装，也就是将近 40 件 T 恤，才能让中国销售完自己生产的所有产品，更不用说还有其他十几个服

---

① 1 英尺 ≈0.3 米。——编者注

装生产国了。这些新衣服需要在拥挤的衣柜里找到一席之地，而衣柜里还装着去年生产的1 700亿英尺的衣服。鞋类、家居用品等我们每天穿戴和使用的所有东西几乎都是如此。

随着制造业转向低成本地区，中国工资水平的提高间接促进了供给增加。世界银行的一项分析显示，中国服装价格每上涨10%，南亚对美国的服装出口就会增加13%~25%，东南亚的出口会增加37%~51%。因此，当中国的劳动力变得更加昂贵时，制造业就会转移到成本更低的国家，那些国家就会向西方出口更多的商品。[4]尽管需求量有限，但供应仍在不断增加，巨大的供应量往往无法被全部消耗掉。例如，2016年全球汽车行业共生产了7 200万辆汽车，只有世界上大约每100人中就有一个人拥有汽车，才能把这些产量消耗掉，然而，世界上近一半的人每天的生活费还不足2.5美元。

生产率的爆炸式增长还没有要结束的迹象。当中国出现劳动力短缺的时候，印度尼西亚、印度、马来西亚将填补这一空缺，之后，非洲和南美洲的众多人口将会陷入低成本和资金贬值的长期循环。资金会流向任何拥有低成本制造能力的地方。在我们所能预见的将来，供应激增和需求低迷将会一直持续。

这里有一个合乎逻辑的问题需要注意：如果需求下降，供应商无法销售所有的产品或服务，那么供应商会不会减产，零售商会不会减少库存，供求关系会不会因此而恢复平衡？从逻辑上讲，答案是肯定的。然而，不稳定的投资决策（在许多地区，大型工厂都是提前数年建成的）、不可预见的需求变化、提高了生产率的技术创新或是意外获得的资金，都会推动生产能力继续增长。即便均衡的全球有效市场可以形成，也需要很长的时间。

追求无限增长的商业巨头毫无逻辑地将越来越多的商品推向一个需求不足、无法消费全部商品的市场。不断降低的生产成本使它们能够不断降低价格，而这会刺激不必要的短期需求。

图 1-1 和图 1-2 提供了对这一宏观趋势背后的基本国家数据的更深入的研究，并揭示了这一过程如何导致中国的劳动者收入实现显著增长，印度和亚洲的其他国家以及拉丁美洲和加勒比地区的劳动者收入实现较小幅度的增长，美国的劳动者收入则停滞不前。图 1-2 还显示了下一个中产阶层的工资大幅增长的地区：印度和亚洲其他地区，以及撒哈拉以南的非洲地区。

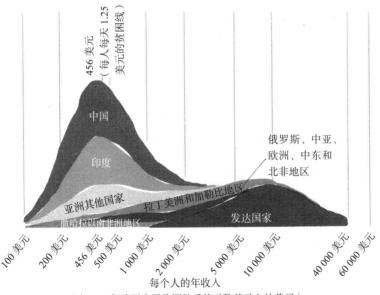

图 1-1　1988 年全球收入分布情况

资料来源：以数据看世界网站

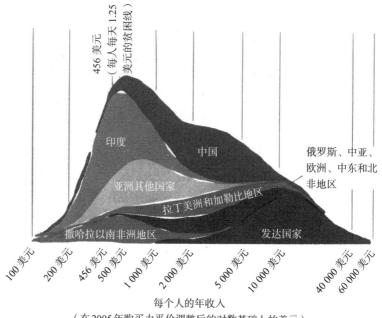

图 1-2 2011 年全球收入分布情况

资料来源：以数据看世界网站

配送和运输货物的成本也经历了生产率的爆炸式增长。在 20 世纪，货物运输的实际成本（经通货膨胀调整后）下降了 90%。在世界范围内，通过航运、海运和陆运来运输各种食品、饮料、衣服和其他日用品的成本大幅下降。当纽约一家高档餐厅的服务员告诉我们，今晚的特色菜是来自土耳其的鲜鱼时，我们不再觉得难以理解或者不同寻常了。

真正有趣的问题是：当一切都接近免费时，世界将会变成什么样？

我们经常被问到，当前的反全球化、反自由贸易运动是否会导致全球产量减少，从而导致全球供应量相应减少。出于多种原因，我们不希望看到这一现象。最主要的原因是，当前全球资本的流动已经为许多发展中国家创建了扩大供应量的基础设施，提高了这些国家的生产能力。除非我们发动一场全面的贸易战，否则这些商品一定会出口至发达国家。即使是贸易战也不会改变这一局面，因为贸易壁垒会在发达市场造成失业，并且进一步抑制需求，从而维持失衡。此外，发达经济体在岸生产的趋势（为了缩短交货时间，现在是为了应对政治压力）将增加供应。对于"快时尚"产品，即那些非劳动密集型产品，以及那些带有"美国制造"标签的畅销品，扩大生产来源的工作正在进行中。最后，3D（三维）打印技术不仅会增加供应量，还会将大量生产转移到当地市场，甚至各家各户中（稍后将对此做更多介绍）。这项技术有可能彻底改变我们的生产流程和全球分销状况。

问题的关键是，即使各国采取更多的保护主义政策，全球需求的增长也赶不上不断增加的供应量。随着这种不平衡的继续扩大，它将对所有面向消费者的企业的战略和结构模式产生巨大影响。

谁会买这些过剩的供给呢？没有人会买，大多数商品都浪费了。美国环境保护署说，我们每年扔掉大约 1 280 万吨纺织品，比如衣服和鞋子，相当于每人每年扔掉 80 多磅①。[5]

————————————

① 1 磅 ≈0.5 千克。——编者注

尽管存在如此严重的浪费，西方消费驱动型经济体依旧凭借宽松的信贷政策和强大的消费能力，竭尽全力将越来越多的商品塞进人们的衣柜、厨房和车库中。美国在消费方面遥遥领先于其他国家。英国人的消费量只有美国人的85%，而德国、法国和日本人的购买力仅为美国人的70%。[6]"他们"生产，"我们"消费。问题在于，他们现在能够以越来越低的成本生产越来越多的产品，他们所生产的产品数量远远高于我们能够消费的数量。这就是导致贸易失衡的一个重要原因。

我们已经讨论了消费跟不上生产（或供应）的原因，还有一些其他原因值得强调。

首先，支撑需求的一些主要趋势现在已经结束。在生产增长的同时（无论是在发达经济体还是早期对亚洲的离岸外包中），双收入家庭的数量逐渐增多，人们的消费能力有所提高。从1960年到1990年，美国双收入家庭的数量占家庭总数的比例从大约25%上涨到了60%，这一比例至少保持到了2012年。[7]随着越来越多的女性进入职场，越来越多的消费者感到生活节奏不断加快，人们开始把更多的钱花在家用产品上——尤其是那些可以节省时间和可以让生活更轻松的产品。但是如今这一趋势已经趋于稳定，不会显著拉动消费的增长。

另一个促进消费的阶段是20世纪90年代末和21世纪初。在婴儿潮时期出生的7 600万美国人进入了消费高峰时期，推动了更多的需求。人们需要购买更多的衣服，为第二套房子添置物品，对第一套房子进行改造，购买更多的汽车来运送家庭成员参加各种日常活动，这些都支撑了需求，使其与不断增加的供应保持合理的一致。衣柜的尺寸和数量都在增加，储物柜租赁业务也蓬勃发展。

在这种背景下，企业发现刺激或创造消费者对其产品的需求是一种相对容易的方式。于是他们开始进行创意广告的设计和市场营销，致力于生活方式品牌和新产品的开发和推广，有效拉动了消费。对增长的持续追求导致各公司的生产量不断加大，各领域的竞争也越来越激烈。保时捷公司和可口可乐公司开始销售服装，罗斯百货和 T.J. Maxx 折扣商场的收银柜台摆满了糖果和零食，奥利奥推出了棉花糖口味的新品（总共有 100 多种新口味）。这些举措都是企业为推动增长所付出的努力。

但到了 2016 年，婴儿潮一代受到了经济衰退的影响，随着退休的临近，他们不再疯狂消费，对物质的欲望不再强烈，而是将大部分可支配收入都花在了旅游、休闲、娱乐、健康和幸福上。

20 世纪 90 年代，生产率的增加推动了人们实际收入的增长，使消费水平维持在相对合理的水平。然而，现在全球劳动生产率的增速持续放缓，人们的生活水平提升的速度也有所减缓。从 2005 年到 2016 年，美国的劳动生产率仅增长了 1.3%，明显低于之前 10 年的 2.8% 的增速。自 2004 年以来，这种情况已经发生在数十个发达经济体，造成了 2.7 万亿美元的 GDP（国内生产总值）损失。[8] 几乎没有经济学家预测生产率会在近期出现增长。

经济学家对全球生产率是否会再次（或至少在未来几年内）达到历史水平持悲观态度。普林斯顿大学经济学家罗伯特·戈登认为，科技正在使生产力增速放缓。简单地说，电力的出现使得人们可以在夜间工作；电梯改变了人们的生活方式；工厂使人们实现了自动化生产，并且开发出了新的生产方法；火车、汽车和飞机改变了货物和人从一个地方转移到另一个地方的方式；许多繁重的劳动消失了；各种各样的家用设备的出现减轻了人们的劳动。1870 年至 1940 年间，创新和其他三个因素（城市环境卫生、化学制品和药品）推动了经济的增长，极大地重塑了人们的生活，其作用之大难以描述。即使现在的人们可以适应 20 世纪 50 年代的生活，但一定忍受不了 1900 年的生活条件。举个例子，在 1900 年之前，纽约金融区的部分地区还被 7 英尺厚的粪肥覆盖。相比之下，互联网对西方经济增长和人们生活条件的影响相对较小（至少到目前为止），主要影响的是人们购物、打车和娱乐的方式。对于科技对健康、寿命和知识的长期影响，我们实际上持乐观态度，但我们看不到生产率的短期显著增长。

当生产率的增长和人们收入的增长放缓时，起初，房屋净值贷款、抵押贷款和无处不在的信用卡促进了消费。消费者错误地认为，他们不用依靠收入，只要依靠信贷就可以提高生活水平。金融机构与中央银行串通一气，为这一假象背书。2008 年，金融泡沫破裂了，引发了经济大萧条，打破了人们的幻想。正如电影《大空头》所描述的，房地产危机和经济衰退让许多人赚了一大笔钱，但它们改变了一代人对信贷的看法和渴望。人们不再相信靠借贷可以零成本地享受生活。

显然，近年来，在发达经济体中，人们对几乎所有消费品的需求都没有大幅增长。尽管用货币政策刺激需求的尝试取得了一些成功（这一政策的泡沫成本尚未明确），但所有可以刺激需求增长的潜在因素都已经放缓。可以说，需求在逐渐减少。

网络、科技和智能手机

引起巨变的另一个重要原因是分配点的数量越来越多，流动性越来越强（稍后将详细介绍这一观点）。

主要零售商和品牌能够控制供应中大量积压的货物的流动和分销。大家都知道，在过去的50年里，零售商业面积持续增加。从1983年到2009年，美国零售业人均占地面积飙升了30%，[9]之后又下降了3%。巨变的首批受害者受到了很大的影响，他们被迫关掉了自己的店面。

多年来，零售商通过开展促销和降价来保持对产品销售的相对控制。随着供应水平的不断提高，零售商和品牌逐渐感受到压力，他们制定了价格歧视策略，开始开设直销店，推行打折模式（名牌商品大幅打折）。与传统零售商店相比，直销店往往设在比较偏远的地区，以更低的价格吸引那些本来没打算买东西的顾客。起初，这个方法很有用。与此同时，生产过剩的产品也被送到折扣零售商那里以极低的价格出售。同样地，他们希望新消费者会被有点混乱的"寻宝"购物体验吸引。通过这些渠道，越来越多的过剩商品被销售出去，价格也越来越低。从20世纪90年代中期到2010年左右，通过满足不同市场的需求，零售商成功控制了价格的下跌。其中最成功的是 T.J.Maxx 折扣商场和罗斯百货，它们已发展成巨型零售商。蔻驰通过增加直销店的数量实现了增长。然而，过多的供应使得该品牌的名声受损，蔻驰和其他公司一样陷入了困境，最终它开始削减其分销渠道。[10]

通过不同的分销渠道处理过剩的产品的方式后来逐渐被互联网和 21 世纪新出现的电子商务、智能手机等相关科技取代。每天都有各种各样的新网站出现，它们都提供了比之前更优惠的折扣，或是售卖二手商品，或是进行商品交换，数以百万计的应用程序和其他以更低价格更快地销售更多商品的创新方法打开了供应的水龙头。如果居住在曼哈顿的顾客不必再驱车 50 英里①去伍德伯里折扣商场购物，那么他们为什么还要去那里呢？

这种新的分销方式给商业世界带来了多大的影响呢？美国派杰投资银行的分析师认为，电子商务在零售领域的渗透率接近 40%，而不是 10%。[11]派杰的分析师得出的电子商务渗透率是 37.4%，其中包括传统零售商的电子商务销售额，约为 1 460 亿美元（该公司称这部分销售额被低估了），不包括食品饮料、建筑材料、园艺器械、商店和加油站等通常不在网上销售的零售领域的销售额，他们用商品交易总额取代收入作为衡量网上销售额的指标。随着人们周期性地订购一些家庭和个人护理用品（如在食品饮料商店和加油站出售的常见商品）以节省开支，电子商务的覆盖率将会持续增长。

---

① 1 英里≈1.6 千米。——编者注

电子商务实现了极大的价格透明度，它迫使企业投资昂贵的技术，提高分销成本，从而侵蚀了零售利润率。更令人担忧的是，尽管大多数零售商急于引进这些昂贵的电子销售系统，但可能为时已晚。2015 年，全球最大的 25 家门店零售的电子商务销售额的增速从三年前的 25% 降至 10%，而同期亚马逊的商品交易总额仍以超过 30% 的速度增长。[12] 如图 1-3 所示。

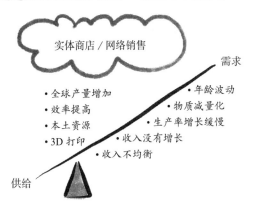

图 1-3　供需失衡

各行各业都受到了电子商务的影响。互联网的出现使人们可以用不同的方式获取产品。通过 Instacart、Deliv、Caviar、Munchery 和 Blue Apron 等订购、配送平台，人们可以买到食物；通过 Birchbox、Julep 和 Ipsy 等订购、配送平台，人们可以买到美容产品；通过 NewEgg 和 Enjoy（它还提供了一种居家体验）等订购、配送平台，人们可以买到电子产品……

正如之前所说，经济的巨大转变使供需严重失衡，这种失衡导致价格降低，价格的降低导致许多零售和消费品领域的市场价值大幅缩水。由于全球化和制造业转向低成本国家，供给急剧增加。与此同时，人口老龄化，可支配收入增长乏力，人们越来越注重体验和使用共享商品而非购买商品，使得美国和许多西方国家的需求大幅下降。技术的出现为产品市场提供了无数新的分销点，也使得供给和需求之间形成了一道无法弥补的巨大鸿沟。

供需失衡的严重后果需要我们对零售和消费者战略进行彻底的反思。许多公司在未来几年将面临倒闭，正在发生的持续的价格通缩无法支撑庞大的零售产业的营运开支（包括商店及其员工）。消费者对零售商及其销售的品牌的期待将发生根本改变。通过开设新店来推动增长的持续努力将会结束，或者说已经结束——接下来必须关闭门店。用来评估一个成功零售商的指标将会发生变化——从总销售额的增长（特别是新商店或分销点引起的增长），转变为利润或资本回报的增长。价值将从销售商品转移到那些拥有分销点的人身上。零售岗位的数量将大幅减少，取而代之的是快递岗位。

不可避免的"大洗牌"将加剧人们对赋予产品或体验更多意义的需求。零售业和消费者组织不得不加快构建更多的信息（在结论中，我们预测商业的意义或目的将会发生改变）。事实上，由于供给和需求之间的差距越来越大，一切都在发生变化。

由于各种关键和巨大的趋势（见之后的章节），供需差距只会越来越大。我们先来谈一谈"物质减量化"这一重要概念。

第二章
物质减量化

"物质减量化"对于我们理解巨变很重要，它是一个多维的概念，可以显著降低人们对物质产品的需求。

物质减量化的第一个方面是，生产可供消费的产品所需的物质越来越少。正如凯文·凯利在《必然》一书中指出的那样：1870年，美国生产1单位GDP需要4千克原材料，1930年只需要1千克原材料。2000年，每千克原材料所产出的GDP已从1977年的1.64美元上涨至3.58美元——在这23年中，减掉的物质量翻了一番。[1]主要原因是制造技术和材料使用技术的巨大进步，这使人们得以用更低的成本生产出更多更好的产品。这也意味着，美国GDP流向物质产品的比例越来越低，美国人花在非物质产品上的钱越来越多。如图 2-1 所示。

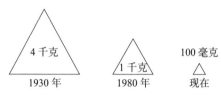

生产 1 美元 GDP 所需要的物质量：

4 千克　1930 年
1 千克　1980 年
100 毫克　现在

主要驱动力：· 生产效率 / 能力
　　　　　　· 科技
　　　　　　· 健康和幸福
　　　　　　· 服务
　　　　　　· 娱乐

图 2-1　近几十年来的物质减量化

　　支出增加的第一类非物质产品是电子产品。消费者在科技和电子产品方面的支出大幅增加，且没有任何减弱的迹象。2015 年，美国消费者在媒介和科技方面的支出增长了 7%，预计从 2015 年至 2019 年，全球年均复合增长率会达到 7%，2019 年支出数额会达到 2 万亿美元，是 2009 年支出数额的 2 倍。[2]

　　此外，数字化趋势正在改变消费者的思维方式，使他们从获取产品的所有权转变为仅获取产品的使用权。消费者，尤其是千禧一代，不再通过购买来获取所需的物质产品，而是希望可以随时随地获取自己所需的物质产品、数字产品和数字服务。他们更愿意通过分享和交换来获得对物质产品的使用权。共享经济由此兴起，削弱了人们对传统产品的需求。

　　支出增加的第二类非物质产品是体验类产品。这一趋势与我们之前讨论的千禧一代的崛起相吻合——72% 的千禧一代表示，他们更愿意把钱花在体验上，而不是产品上。[3] 最近的一项心理学研究也证实了这一点，表明生活体验给人带来的幸福感大于物质带来的享受。[4] 因此，从 1987 年到 2016 年，在现场体验和活动上的支出占美国消费者总支出的比例增加了 70%，也就不足为奇了。我们日益渴望独特的体验，这些体验往往很难被商品化，且不需要很多的原材料，因此推动美国经济转型的部分原因是人们在这些领域的支出有所增长。

消费者很看重的一种可以商品化的体验就是便捷、快速、优惠的送货服务，这或许是因为快捷的物流可以让他们腾出更多时间来做真正重要的事。随着商品的数量越来越多，价格越来越低，通过提高便利性、加快配送速度来打造差异化的零售体验就变得至关重要。目前亚马逊在这方面处于领先地位，之后将会出现越来越多的创新配送机制，它们将进一步颠覆传统零售模式。当产品所含的物质越来越少，且其价格越来越低时，价值就会逐渐向分销点和配送方式转移。

物质减量化的第二个方面是消费者对拥有大量财产的态度的转变。趋势表明，人们拥有的东西更少，只在需要的时候才购买产品，且经常清理杂物（部分原因是，搬到了城市后，人们拥有的居住空间变小了——86% 的千禧一代和 83% 的 X 世代居住在城市。因此，自"大衰退"以来，单户住宅的建设一直徘徊在数十年来的最低点，而多户住宅蓬勃发展，也就不足为奇了）。[5] 最突出的例子是优步和共享单车，其他的例子包括爱彼迎、Getaround（点对点的汽车租赁网站），以及像 WeWork 这样提供合作办公空间的公司。

物质减量化的最后一个方面是对健康的日益关注和医疗成本的不断上升。自 2007 年以来，人们越来越关注延长寿命和改善健康状况。推动这一趋势的因素有很多，其中之一是婴儿潮一代正在步入老年，他们开始寻求更健康的生活方式和更丰富的退休生活。同时，他们的健康生活理念影响了各个年龄段的人。这在一定程度上增强了减少消费的愿望，人们开始购买更环保、消耗量更小的有机、天然食品，健身房和私人教练越来越普及，体育休闲运动蓬勃发展。这一趋势使医疗支出有所增加，加上医疗保健体系严重失调，导致医疗保健支出在国民收入中所占的比例大幅上升。[6] 人们的消费又一次从产品转向了服务。

但对更健康的生活方式的日益推崇并不是以传统消费品为代价推高医疗支出的唯一因素：许多消费者将越来越多的收入用于基本医疗服务。2014 年，消费者将 8% 的支出用于医疗保健，而在 1984 年，医疗保健方面的支出占比为 4.8%。在医疗保险支出方面，这一差异更为明显。2014 年，医疗保险支出占总支出的 5.4%，而在 1984 年这一比例仅为 1.7%。[7] 如图 2-2 所示，消费者在住房和娱乐方面的支出增加，而在服装、食物和个人护理用品方面的支出减少。

由此可见，物质减量化限制了人们对物质产品的需求。尽管利率很低，促销价格很诱人，想靠增加需求来消耗不断增长的供应也是不可能的。产品价格将会持续降低。

2016 年，市场已经受到了过剩的供给和价格紧缩的影响。

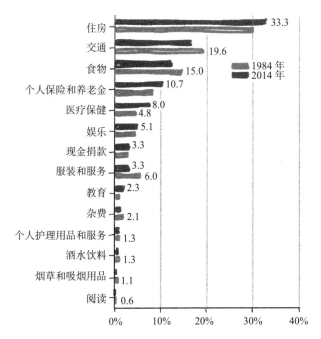

图 2-2　1984 年和 2014 年消费者主要花销分布图

资料来源：美国劳工统计局

在这个巨大的下行旋涡中，实现经济增长的压力越来越大，人们不得不寻求阻力最小的路径——卖出更多的商品。促销和打折曾经只是可以选择去做的事，现在却成了必须做的事。未来会听到更多如"今年打折力度特别大"或"为了击败竞争对手，我们要提前促销"等感叹。事实上，随着促销活动越来越普遍（美国公司每年花费 1 万亿美元做打折活动），这些促销噱头逐渐失去了吸引力，有三分之二的公司没有达到收支平衡。现在商品的平均折扣是 6.6 折，而 2012 年商品的折扣仅为 7.7 折。[8]

然而，整体来看，这种动态的最终结果是低迷的物质需求和过剩的供给。

著名的法国经济学家、古典经济学的领袖之一——让-巴蒂斯特·萨伊曾说"供给能创造其自身的需求"。难道萨伊看不到每年被浪费掉的数万亿吨食物、服装和消费品吗？很遗憾，我们必须说，在过去的50年中，萨伊定律每天都在被证伪。这位伟大的经济学家的供求关系定律发表于1803年左右，也就是200多年前，他根本不知道现代工业革命会对他的供求定律产生怎样的影响。

第三章
人口巨变

　　有种巨大的阻力表明，需求和数量之间的差距只会继续加剧供需失衡。这种阻力就是人口悬崖——人口老龄化和低出生率，其对包括美国在内的所有发达经济体都产生了负面的影响。考虑到这些经济体未能取代老龄化的工人和消费者，有相当多的趋势值得注意。

　　首先，在职员工的数量将小于退休员工的数量。在世界许多较富裕的经济体中，几十年来生育率一直低于人口替代率。如图 3-1 所示，自 20 世纪 70 年代中期以来，2016 年 GDP 最高（根据国际货币基金组织的排名）的 20 个国家的出生率一直在下降。因此，就算人们的寿命没有延长，在大多数发达国家的人口中老年人所占的比例仍然会更高。

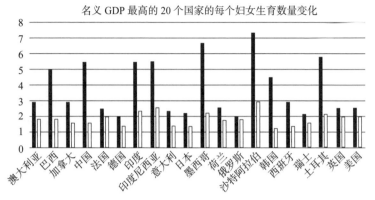

名义 GDP 最高的 20 个国家的每个妇女生育数量变化

■ 1970 年每个妇女生育数量   □ 2013 年每个妇女生育数量

图 3-1 每个妇女生育数量的变化

在很多地区和文化中，妇女生育数量越来越少——很多情况下，生育率低于人口替代率。

尽管很少有人谈及发达经济体的人口减少问题，但它是当今最重要的问题之一。我们只从对物质产品的消费和需求方面讨论了这一点，实际上它还可能引起巨大的政治和社会动荡。投票赞成英国脱欧和支持特朗普的地区都是人口老龄化和年轻人迅速逃离的地区，这并非巧合。看到自己所在地区的年轻人数量锐减，而填补空缺的是从事低薪工作的移民，这助长了一些人的民粹主义情绪。尽管现在还无法断言倒金字塔式的人口结构对中国、东欧和俄罗斯意味着什么，但它很可能会给这些国家带来深远的影响。

在人口数量迅速减少的国家，零售商、品牌商和投资者承担的经济风险会越来越大，在某些情况下的风险尤其巨大。

这意味着员工和消费者的数量在减少。根据联合国的数据，2016 年，发达经济体的劳动年龄人口总数自 1950 年以来首次下降，预计到 2050 年将再减少 5%。[1]

世界各地都是如此。根据联合国的数据，到 2050 年，韩国的劳动年龄人口将减少 26%，日本将减少 28%，德国和意大利将减少 23%，俄罗斯和中国将减少 21%。由于移民的涌入，美国的劳动年龄人口预计到 2050 年将增长 10%（现在看来该预测过于乐观），但其占总人口的比例将从 66% 降至 60%。（鉴于目前的政治局势）如果移民率大幅下降，美国的长期消费需求将和其他国家一样低迷。

"人口比例"非常关键，它不仅反映了劳动人口的数量，还反映了非劳动人口（即老人和小孩）的数量。人们第一次意识到"人口比例"的重要性是在 1990 年，当时日本劳动人口与非劳动人口之比骤降，引发了经济危机（至少间接导致了经济危机）。同样的事情现在也发生在了西方。在美国，2005 年最多由 2 个劳动者供养 1 个非劳动者，此后劳动人口数量一直处于下降趋势。预计到 2050 年，将由 1.5 个劳动者供养 1 个非劳动者。人口普查数据显示，从现在到 2026 年，每天都有 10 000 个婴儿潮一代的人达到退休年龄。值得注意的是，美国金融危机（2008 年）和欧洲债务危机（2009 年）也与类似的人口比例转折点有关系，即劳动人口与非劳动人口之比下降了。

欧洲的劳动人口比重在 2009 年达到顶峰，之后鲜有增长，欧洲不得不一直与通货紧缩、低增长或零增长、高失业率做斗争。

2014 年，近五分之一的西欧人年龄在 65 岁或以上，到 2030 年，这一比例将增加到四分之一，情况比美国更严重。而退休年龄较小、现收现付的养老金制度以及年轻人的劳动参与率较低，让许多欧洲国家雪上加霜。[2]

简单地说，相对于受抚养人（儿童和老年人）的数量，有经济来源和消费能力的人数在 2010 年达到了最多，而且未来 40 年内都不会超过这一数字。

这些都与美国的消费经济息息相关，因为工作与支出密切相关。在零售商店（买物质产品）消费最多的人年龄多在 44 岁至 54 岁之间，他们平均每年每家消费 7 万美元。55 岁至 64 岁的人平均每年每家消费 5.9 万美元，而年龄在 65 岁及以上的人平均每年每家仅消费 4.5 万美元。在美国，大概在 2005 年，处于消费峰值年龄段的人最多。[3]

婴儿潮一代要供养的亲人比较少（子女数量低于人口替代率，年迈的父母也很少），因此他们在消费峰值年龄期消费得更多。数据显示，婴儿潮一代翻新了房子、购买了度假别墅、为自己和一两个孩子添置了名牌服装和鞋子，年消费额达到了 3.2 万亿美元，比巴西、俄罗斯和英国各自的 GDP 还要多。[4]

这些年来，储蓄率下降了。2005 年，美国个人储蓄率从 2004 年的 4.6% 降至 2.6%，这是自 1959 年政府开始统计以来的最低水平。个人储蓄率最高的时候是在 1971 年，达到了 13.3%，[5] 经过数十年的下滑，在 2008 年有所回升，之后一直稳定在 4% 左右。显然，在消费高峰期，人们不急着为退休攒钱，而是在充分享受消费的快感。在我们的人口达到临界点时，经济也走向了萧条。

摩根大通研究所发现，2014 年至 2016 年间，老年人日常支出同比下降了 7.6 个百分点，降幅超过了年轻消费者支出放缓的幅度。[6] 尽管储蓄率有所上升，但人们的消费并没有像我们预期的一样上涨。

还有一些问题也隐含在人口和支出范畴内。2016 年，接近退休年龄的美国家庭持有的 401（k）账户的平均余额为 10.4 万美元。[7] 总余额刚刚超过 10 万美元，这意味着，按照取款规则，退休后每年的收入只有 4 000 美元。虽然社会保障可以填补一部分空缺，但那些未退休的婴儿潮一代，很有可能不得不用自己的一部分收入来供养年迈的父母。如果是这样的话，仍在工作的婴儿潮一代将比前几代消费得更少，而退休的人肯定也没有钱大肆消费。

我们注意到，自大萧条以来，与父母同住的年轻人的比例比以往任何时候都要高。许多人预测这一趋势将会逆转，会有越来越多的年轻人组建自己的家庭。但我们认为会出现另一种现象：年轻人将接管房子，且仍与父母同住。这种方式可以免去或减少照顾孩子的花销、老年人的生活开销和买房子的费用——这些都是千禧一代关心的事情。我们把这个叫作"意大利现象"。

能否根据这些人口趋势变化预测经济的阻力呢？

实际上，没有人关心意大利现象，经济学家在意的是更大的趋势。美国联邦储备委员会最近详细阐述了其对人口趋势的研究结果，称人口趋势变化导致美国经济的年增长率比原来下降了1.25%。这份报告提到："我们的结果进一步表明，未来几十年，实际 GDP 的增长将保持较低水平，这与美国经济将达到新常态相一致。"[8]

经济年增长率的下降意味着美国将减少 2 200 亿美元的年消费支出，几乎相当于沃尔玛年销售额的一半，盖璞公司年销售额的 20 倍。从这个角度来看，美国人的需求量在下降。

这一预测并不能让所有人信服。另一种流行的说法是："未来的 70 岁相当于现在的 66 岁。"也就是说，越来越多养老金存款较少的人选择继续工作，美国的退休年龄也将被延迟，如果婴儿潮一代中有很大比例的人一直工作到 70 岁，将有助于需求曲线平稳发展，而不是发生断崖式下跌。

日本比美国更早出现人口悬崖，它已经将这一做法付诸实践——大约有 20% 的日本老年人仍在工作，这几乎是组成经济合作与发展组织（OECD）的发达经济体中在职老年人比例的两倍。[9]

在美国也出现了这样的趋势，尤其是在高收入人群中。2013年，在收入排名前五分之一的人群中，有 61% 的人在 70 岁时仍在工作，有 99% 的人在 45 岁时仍在工作。如果可以的话，那些没有存款或存款较少的人，很可能会选择继续工作，或是迫不得已，或是出于偏好。然而，即便他们可以继续工作，在职老年人的消费水平也远低于从前。事实上，所有的消费者和零售机构都应该为 60 岁以上的老年人提供更多就业机会：这对企业和整个经济都有好处。

尽管增加老年人的就业机会有助于缓解低迷的消费形势，但没有办法阻止消费的减少。因为老年人会把钱存起来，而不是大肆消费。

另一种说法是，尽管婴儿潮一代和老年人拥有美国63%的财富，但财富正逐渐向年青一代转移，这会推动新一轮消费。[10] 事实上，情况恰好相反。人口普查数据显示，从2000年到2011年，除了65岁及以上的人群，各个年龄段的家庭净资产中位数都显著下降，而65岁及以上人群的净资产增长了17%。[11] 随着人们寿命的延长，在2022年前，财富不太可能会转移到下一代。如果出现了财富转移，就意味着更多的千禧一代（及其家庭）将住在父母的房子里，或者在城市里租一间小房子，并等待继承父母的房子。

归根结底，这表明在美国和其他发达经济体中，消费者的总体需求在持续下降，过剩的供应在低迷的消费市场中无处消耗。新兴经济体的中产阶层需要很长时间才能发展壮大，而发达经济体需要更长的时间来填补婴儿潮一代留下的消费缺口。

所以，如果企业急于出售过剩的股票，阻力最小的途径是进一步压低价格，延续价值的下行旋涡和逐底竞争。由于商品的生产有增无减，且这些商品很可能源源不断地流入美国，因此零售商只能降低价格，这导致了大规模的特价销售、闪购、会员卡促销，开设越来越多的直销店，以及所有能想到的促销手段。

人口结构变化的另一个影响是人们需要的商品种类发生了改

变。与 2005 年相比，2017 年婴儿潮一代在服装和家具上的支出分别减少了 4.7% 和 3.8%。与此同时，美国劳工统计局的数据显示，55 岁及以上人群在服装和交通上的支出减少了，在医疗方面的支出增加了。[12]

老年人的医疗保健支出是多少？通常来说，65 岁以上的美国人将 13% 的总支出用于医疗保健，而在 35 岁至 44 岁的人群中，这一比例仅为 6%。[13]老年人退休后的花费少了很多，而且把钱花在了各种与健康相关的产品和服务上——不仅仅是养老院或医疗服务，还包括大量的产品，比如维生素、面霜和支架等。只有绝对价值高的产品才能促使老年人消费，他们不再冲动消费买一些多余的衣服或时尚配饰。健身课程、健身卡和旅游项目对老年人仍很有吸引力，所占的支出比例仍在不断上升。婴儿潮一代和老年人在体验方面花了更多的钱。事实上，老年人在兴趣爱好、教育和娱乐等方面花的钱比 1990 年增加了不少。自 1990 年以来，65 岁至 74 岁的人群在以下方面的支出有所增加：各项娱乐支出增加 9.8%，宠物和爱好支出增加 5.2%，教育支出增加 14.3%。[14]

住房和科技方面怎么样？

就价值和占总支出的比例而言，住房是最大的一项开支，占 55 岁及以上人群总开支的三分之一。[15]所以，短期来看，老年人仍会把很大一部分钱用于偿还房屋抵押贷款；长期来看，当他们的房子被出售或用于申请反向抵押贷款时，老年人也会从中获得收益。

在技术方面，婴儿潮一代和其他年龄段的人一样，充分肯定智能手机提供的接口和联结。老年人的心理态度比以往任何时候都要年轻。60 岁以上的人对 Meta、推特和色拉布等社交平台的使用率虽然低于 Z 世代，但仍然非常高——在婴儿潮一代中，83% 的人使用 Meta，31% 的人使用推特，9% 的人使用照片墙。预计会有一笔前所未有的资金投入科技领域，而不是用于支出可支配收入的其他类别。

可以得出一个令人信服的结论：人口老龄化和人口减少限制了需求水平。

日本比其他国家更早经历了这一人口巨变，美国可以通过日本的现状预见自己（可怕）的未来。

日本人口老龄化

日本有 25% 的人年龄在 65 岁及以上，而美国 65 岁及以上的人口只有 15%。尽管日本老年人比美国老年人更有可能继续工作，但日本平均只有 1.6 个劳动者来供养一位老年人或 15 岁以下的儿童。这种不平衡状况会越来越严重。到 2050 年，日本将只有一个劳动者来供养一位老人或儿童。20 世纪 80 年代，日本人口数量增长较快，2 个劳动者供养 1 个非劳动者，与目前美国的水平相当。[16]

日本为美国的未来提供了预警。日本在 1995 年左右达到了消费顶峰，多数消费群体在 45 岁至 50 岁之间，当年的人均 GDP（按当前美元计算）达到历史第二高水平，在经历经济危机后，GDP下降并趋于平稳，2012年又有所回升，之后严重下跌。自1995年以来，日本GDP平均每年增长不足1%，2016年，日本仍在应对通缩带来的进一步挑战。由于没有移民进入，缺乏推动经济增长、刺激需求的动力，日本经济一直停滞不前。由于本土市场经济不景气，现金充裕的日本企业一直在寻找海外投资机会。

大约在2005年，美国也出现了与日本同一年龄段的消费高峰。之后，美国GDP平均增长率仅为1.4%。与日本不同的是，美国的移民制度相对健全，只要不禁止合法移民，就算需求量比消费高峰年少，消费仍会增长。许多公司期待着从移民身上大赚一笔，因为为了开启新的生活他们往往会买许多东西。

我们可以从日本的经历中吸取许多经验。很重要的一点是，理解工作在生活和社会中的意义。在日语中，表示工作的意义层级的词是"shokunin"（职人），它代表着精通和不断提升。无论工作多么卑微，每个人都有机会在工作中展现自己的精通、自豪和满足。日本社会很尊重以这种工作心态做事的人。[17]在低增长的经济体中，这种心态至关重要，也是所有低增长企业想要激励和留住优秀员工时应该考虑的因素。

在日本和美国，都是老年人占据主导地位，而且这两个社会都在变得越来越年轻。这意味着两件事。第一，随着预期寿命的增加，50岁与死亡之间的距离被拉长。由于医疗条件的改善，这一趋势将继续下去。平均（这是一个危险的概念，但与此相关）来看，如今64岁的人的健康状况，和上一代人在58岁时的健康状况相当。因此，我们认为婴儿潮一代会在健康食品、宠物、教育、健身和旅游上持续消费。

第二，人们的心态发生了变化。婴儿潮一代也希望加入主流的娱乐世界——看电影、参加体育运动和听音乐，和其他年龄段的人一样，他们也很看重体验、意义和社群。唯一的问题是，与几年前相比，婴儿潮一代在选择消费地点和消费金额方面将更加挑剔。

最后一点我们将在第二节中进一步讨论。人口结构转变的教训是显而易见的：尽管有很多人在讨论千禧一代和 Z 世代的重要性，但在可预见的未来，婴儿潮一代才会影响主流趋势。

更重要的是，人口结构的巨大变化只会成为加剧供需失衡的另一个催化剂。

事实上，在世界许多经济体中，由于收入和退休储蓄的减少，老年人的支出在放缓。而年轻的一代，即使他们的数量和年长一代一样多，也无法弥补这一差距，因为他们不仅收入微薄，还要花钱照顾老人。如图 3-2 所示。

5.2 万美元　　　7 万美元　　　4.5 万美元

25~34 岁　　　44~54 岁　　　65 岁以上

据美国联邦储备局估计，由于年龄波动和人们减少开支，每年销售额大约减少 2 000 亿美元。

图 3-2　年龄波动

当然，年龄一直是影响消费的一个因素，但现在它的影响比以往任何时候都大。成千上万的人口和社会差异的影响是重塑零售格局的强大驱动力。下一章我们从数以百万计的微小削减中，挑选了一些加以探讨，这些削减甚至有可能摧毁最大的零售商。

第四章
"碎片化"时代

如果说昨天的大众市场是一个漂亮的玻璃碗，那么今天的市场就是成千上万个玻璃碎片。

在 21 世纪初和前几十年里，"必须拥有的玩具"（或必买的时装、电视机、鞋子）这样的概念让零售商和消费者为之着迷，就像假期那样兴奋。人们会排着长队，甚至可能在队伍中打架，来买这些热门商品。而如今，市场，尤其是消费者，并没有对必需品的概念达成一致，主要原因是巨大的消费者"碎片化"。消费者碎片化的影响主要有两个。首先，它影响了供给和需求的关系——抑制了需求（由于缺乏主流消费热点，消费者的消费欲望减弱），而利基市场的出现使得初创公司能够满足一些消费者的小众需求，增加了供给。其次，消费者缺乏共识也导致了消费模式的转变。如图 4-1 所示。

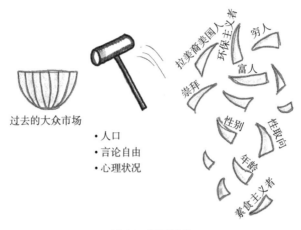

过去的大众市场

- 人口
- 言论自由
- 心理状况

图 4-1　高度碎片化

消费者在几乎所有领域的"超碎片化"对零售商来说是个巨大的挑战。在不同地区、国家和城市，人们的生活方式、文化特征、态度、对产品和服务的偏好截然不同，他们的品位、预期和购买行为也大不相同。碎片化的另一特点是人们对生活的看法和生活方式的差异越来越大。

多年来，主流的观点是大众品牌可以服务大众市场。在三姆啤酒或精酿啤酒爱好者中，也有一大群人购买大众市场的冰镇百威或米勒清啤。但有数据表明，情况已经发生了变化，现在出现了无数个分散的消费群体。人们会寻找能满足自己需求的小众品牌，并与品牌建立情感联系。事实上，过剩的供给使得每天都有新的品牌出现，"品牌"的含义也发生了转变。与李维斯牛仔裤或百威啤酒等过去的大品牌不同，如今的品牌和零售商更加多元化——每个品牌都有自己独特的定位和标识，为越来越小众的消费群体服务。品牌标识包括：展现对人们的日常生活和压力的理解、环保、建立品牌圈子，把喜欢同样的音乐、同样的活动、有同样的愿望的人联系起来。

顾名思义，这些利基市场更加个性化和真实可靠，因此规模会越来越小。在 20 世纪 90 年代的鼎盛时期，有品牌标志的商品占时尚消费的 40% 以上，到了 2014 年，这一比例降至不到 10%。曾经盛极一时的领先品牌如鳄鱼、橘滋、美鹰傲飞和阿贝克隆比 & 费奇，如今在竞争中艰难生存。2014 年，阿贝克隆比 & 费奇甚至移除了印在服装上的标志性商标。[1] 这些都是消费碎片化的影响。

导致碎片化的原因有许多：社会因素（经济和人口结构转变）、生活体验因素（人们的生活方式）、心理因素（人们注重自尊和个性）、政治因素（更加自由地表达自己）。碎片化的趋势不会很快结束，它对所有大众市场和为了顺应这种趋势而设计的供应链都构成了直接威胁。在这里要强调一下，本书的核心观点是，通过这些趋势，我们可以预见大众市场的终结。

心理动因

我们认为，导致市场碎片化的最重要因素是影响消费者的购买行为和态度的心理动因。这种驱动力是对高度自尊的需求，其中一个主要组成部分是对社会地位的需求。简而言之，社会科学家长期以来一直认为，社会地位直接影响人们的生活感受。在等级森严、秩序分明的社会中，社会地位是很难改变的。然而，在你可以用时尚装扮和产品将自己与其他群体的成员区分开来的环境中，可能会产生更小的等级结构，更多的人认为自己处在顶层。例如，年轻人喜欢用时尚来表现"酷"，叛逆是青年文化的一部分，是这种心理需求的直接表现。如图 4-2 所示。

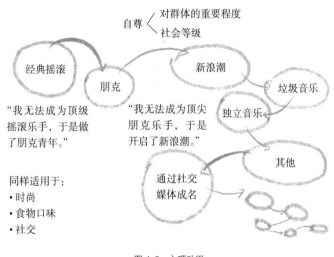

图 4-2　心理动因

朋克不想被视为嬉皮士运动的一部分，所以他们创造了自己的表达方式和时尚。这样一来，新朋克摇滚乐手在他们的圈子里立刻就有了地位（出谋划策和在群体中担当重任可以获得地位，所以新成员的地位往往更高）。

从那时起，朋克分裂成了新浪潮、垃圾摇滚、独立摇滚等。

每个人都有能力在分裂的群体中提升社会等级，避免在大群体中成为社会地位低下的人。

时尚也是如此——叛逆心理和对地位的渴望使得新品牌不断涌现，这些新的品牌往往能抓住人们的特性。一旦一个品牌变得太大，新的成员无法获得地位，他们便会开创其他的新品牌。开创—衰落的循环深深植根于我们的内心，加剧了消费者的碎片化和品牌的碎片化，从啤酒到薯条、鞋子、咖啡，无一例外。[2]

谈到言论自由和身份认同，值得一提的是性倾向。美国人从来没有像今天这样自由地表达自己的性别认同。也许我们身份的其他方面没有经历过这样的分裂（至少在术语上，如果不是在绝对数字上的话）。现在人们认同的术语有：几乎已经过时的"酷儿"（形容非异性恋的人）、跨性别者、性别流动者、双性人和变性者等。公开自己的性别认同，能使人们找到与自己相似的人和群体，并且自由地反对主流性别取向。人们可以自由地选择衣服、食物和音乐，而不必假装自己属于任何主流的性别认同群体，也不必因为穿那些代表主流的衣服或吃那些代表主流的食物而感到拘束。同性恋对时尚和零售业的影响是难以估量的，扩大的表达自由为发明创造打开了大门。

五代同堂

第二个明显的趋势是，我们正在进入这样一个时期（可以说是历史上第一次），消费市场和劳动力市场将同时容纳五代人，这些人拥有不同的购买力和生活体验。从"沉默的一代"到"Z世代"，仅就年龄群体而言，市场的细分比以往任何时候都多。如图4-3所示。

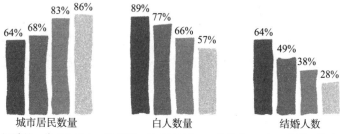

图4-3 从沉默的一代到婴儿潮一代，到X世代，到千禧一代，城市化水平越来越高，白人和结婚人数越来越少

美国市场上的五代人及其差异

• 沉默的一代——在1928年至1945年间出生的人。在他们成年后的鼎盛时期（18岁到33岁），很少有人住在城市中，主要是白人，结婚的比例更高。到2026年，这一代人将只剩下大约1 400万人，其中75%是白人。[3]

• 婴儿潮一代——在1946年至1964年间出生的人。婴儿潮一代标志着社会更加多元化、女性就业率更高等一系列社会变革的开始。这些变化将在未来10年持续下去（直到2026年），那时只有约6 600万婴儿潮一代还活着，其中 65% 是白人。

• X 世代——在 1965 年至 1980 年间出生的人。这一代人总抱怨自己在婴儿潮一代和千禧一代之间迷失了方向。到 2026 年，X 世代将还剩约 6 500 万人，与婴儿潮一代数量差不多。X 世代延续了城市化和多样化的趋势，摆脱了传统的家庭和性别角色。

• 千禧一代——在 1981 年至 1996 年间出生的人。这一代人是当今几乎所有零售商都想要解决的难题。千禧一代是第一代在成长过程中接触到大量正在重塑当今社会和零售业的科技的人。

• Z 世代——在 1996 年之后出生的人。尽管经常被忽视，但这一代人应该成为每个公司的关注对象。到 2026 年，Z 世代将达到 8 200 万人，成为第一次出现"少数族裔占据多数"的一代人，其中仅有 48% 是白人。

以下是区分这几代人的不同经历：

• 20 世纪 80 年代中期，许多国家的年轻人（即婴儿潮一代）的收入高于全国平均水平；现在千禧一代和 Z 世代的收入比全国平均水平低 20%。在美国，与全国家庭收入的平均增长率相比，家庭可支配收入下降了 9%。[4] 这意味着千禧一代的实际可支配收入只比 30 年前的同龄人略高一些。

• 28% 的千禧一代和 Z 世代是由单亲父母抚养长大的，而在婴儿潮一代中，这一比例仅为 9%。[5]

·2014年，在美国47 000例药物过量致死的病例中，超过60%与鸦片类药物有关，多数专家认为这个问题已经恶化。[6]鸦片类药物危机引发了令人震惊的头条新闻，与其他年龄和族裔群体相比，美国中年白人的死亡率不断上升。[7]鸦片类毒瘾始于阿巴拉契亚、新墨西哥北部和犹他州等地的较贫困的乡村地区。工人容易在体力劳动中受伤，他们对止痛药上了瘾。后来，随着芬太尼的出现（当无法获取鸦片类药物时）和人们对海洛因的使用增加，毒瘾迅速在西部、东北部、俄克拉何马州、肯塔基州、田纳西州和佛罗里达州蔓延开来。如果生活在城市，你可能不会遭受毒品的侵袭，但在更多的农村社区，人们无法避免这一现象，即便自己没有染上毒瘾，也会有邻居或亲戚上瘾。虽然这是个政治问题，但它确实加剧了美国社会的碎片化。

·对低收入中年白人男性来说，鸦片成瘾只是他们糟糕的经历之一。自1970年以来，他们的劳动参与率下降了18%，仅为79%，结婚率则下降到了39%。男性通常在中年时期成家立业。这群男性结婚率的大幅下降影响了整个美国的社会和文化。可以说，这些人在打破常规的同时，也拒绝了消费文化。收入的缺乏是消费减少的部分原因，但更深层次的原因是，这些人不再追求高层次的物质享受。他们拒绝媒体的宣传和广告。

然而，要真正理解市场碎片化的程度，就要认识到年龄并不是影响心态的唯一因素。我们的心态就像把前 40 名热门歌曲混合在一起，加入新的节拍，让重复的部分更明显，最后得到一首完全不同的新歌。

婴儿潮一代的一个特点是拥有"千禧一代的思维模式"。新旧观点的融合使得这两代人发生了独特的变化。我们可以看到，这些上了年纪的消费者穿着最新款破洞牛仔裤，在时髦的咖啡馆里喝酒，在 Meta 和色拉布等社交软件之间快速切换。更重要的是，许多婴儿潮一代也奉行着千禧一代的信条——体验比物质更重要。（第十章会具体阐述后代人对前代人的影响。）

不同的年龄群体间有明显的差异。哈里斯民意调查只列举了其中之一：47% 的千禧一代有文身，而婴儿潮一代有文身的仅有 13%，文身的既有老年人，也有年轻人。[8]问题的关键是，即便同属一个大的年龄群体，这些人的心态和行为仍有很大不同，他们会选择不同的产品和体验。

收入差距的扩大

除了代际差异，收入差距的扩大也是导致美国社会碎片化的原因之一。

如图 4-4 所示，最富有的 1% 的人和其他美国人之间的差距越来越大。这一点之所以重要，除了关乎人类福祉，还有许多其他原因。随着人们变得富有，消费更多商品的倾向会下降；而那些较为贫穷的消费者发现，购买他们所需的商品越来越困难。其结果是：富人变得更富，穷人变得更穷，而这两个群体的消费都不多，这是抑制需求的另一个因素。

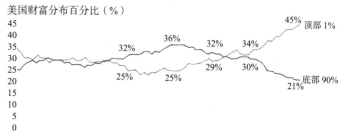

图4-4 美国财富分布情况

自经济大萧条后，美国收入不平等进一步加剧

资料来源：美国国家经济研究局，科尔尼咨询公司

　　此外，富人和中产阶层消费的产品不同，所以需求也不同。收入水平排在后10%的美国人的住房支出占总支出的42%，食品支出占17%。而收入水平排在前10%的美国人的住房支出只占31%，食品支出占11%。穷人在交通方面的支出比例也比富人更高。那么高收入者在哪些方面的花费更多呢？他们把16%的收入存下来养老，而最穷的美国人只存了2.6%。[9]

　　最后，许多新的商业理念服务的是前1%的富人。也许是由于这一群体有能力消费且高度重视节省时间，因此推动了送货上门服务的产生和发展。

　　排在后90%的还有艰难的中低收入群体。他们2012年的平均收入为30 438美元。[10] 从1999年到2014年，美国中等收入家庭的收入中值下降了 6%，低收入家庭的收入下降了 10%。

中产阶层的数量正在减少。皮尤研究中心最近的一份报告指出，美国中等收入家庭的成年人比例从 1971 年的 61% 下降到了 2015 年的 50%。[11] 这一统计数字说明了一种加速发展的趋势，但许多美国人直到最近才意识到现实的严峻性。

尽管几乎各大城市的收入都在下降，但不同地区的消费体验大相径庭。从 2000 年到 2014 年，财富缩水最严重的 10 个城市有一个共同点：过于依赖制造业。这些城市大多数都位于铁锈地带。从 2000 年到 2014 年，这些地区的制造业就业岗位普遍大幅下降，全国范围内制造业就业岗位减少 29%。更糟糕的是，制造业失去的工作岗位并不总能被其他行业填补上，因此尽管美国私营部门整体就业水平增长了 5%，[12] 这 10 个城市的私营部门就业率却下降了，降幅从 3% 到 25% 不等。对这些地区来说，更困难的是，现有的就业机会几乎都集中在收入较低的服务行业。

这些地区差异有助于解释人们在 2016 年总统大选中表达的愤怒情绪，也提醒人们，面向全国市场的零售商和品牌可能会忽略地区差异。在这些市场中，许多消费者觉得为他们服务的零售商并不了解自己的需求。与其花一大笔钱买一条高级紧身牛仔裤，他们更愿意用越来越低的工资来支付医疗保健和住房费用。

收入不平等丝毫没有减弱的迹象，事实上，它只会愈演愈烈。从 2016 年到 2026 年，家庭年收入不超过 2.5 万美元（比墨西哥、委内瑞拉和罗马尼亚等国的家庭年收入的中间值还低）的人数将再增加 500 万人，达到 2 000 万。这些人更能反映新兴市场。在美国，收入最低的 15% 的群体主要是新移民和无法从事技术工作的人，[13] 他们能刺激对旧货店、杂货折扣店和极端廉价零售商的持续需求。对这一群体来说，唯一的好消息是能买到低价的产品。而在服务领域，尤其是医疗保健领域，他们很难有低价的选择。

几代人之间的收入不平等也在加剧。人口结构变化、全球化的出现、大衰退的余波、失业和就业率不足等导致千禧一代工资水平有所下降。这对消费者的支出产生了重大影响，与此同时，千禧一代购房、结婚和生子的比例下降，消费动力严重不足。

能体现代际收入差距的另一个重要指标是，如今有多少人比他们的父母挣得少。在 1984 年出生的美国人中，只有 50% 的人在 30 岁时挣的钱比他们的父母当年挣的多，远远低于 1940 年的 92%。[14] 与父母的收入差距会在很大程度上影响人们对职业、生活和消费的看法。如果一个人比他的父母穷，便会质疑父母的价值观和目标，也会影响他对物质财富的看法（婴儿潮一代非常看重物质财富）。

一个 "少数族裔占多数" 的国家——不止一种方法

与收入不平等息息相关的是美国日益严重的贫富差距，许多非白人群体的生活较为贫困。随着国家越来越多样化，人们的消费也会受到影响，比如买什么和在哪里买——无论现在还是将来，这对零售商来说都是一个不小的挑战。

许多大城市已经是少数族裔占据了多数，意思是非白人人口占总人口的 50% 以上，或者没有任何一个族裔群体超过 50%。

国家的多样化程度只会越来越高。正如我们在本章中所写的，Z 世代是第一次出现少数族裔占多数的一代——到 2026 年，只有 48% 的 Z 世代是白人，而 27% 是拉美裔美国人，14% 是黑人，6% 是亚洲人。2016 年至 2026 年人口增加的 95%（即 2 600 万人）都是非白人群体。这种转变对零售商来说意义巨大——2015年，非白人群体占美国购买力的 26%，即 3.5 万亿美元，预计到 2026 年这一数字将达到 5.9 万亿美元。[15] 同时，他们对社会和文化也有影响。

另一个在年青一代中发生的重大变化是非传统家庭的数量正在迅速增加。年青一代独自生活的比例增加，结婚生子的比例下降。在美国，单亲父母的数量也在上升，他们尤其看重便利性。于是，那些可以节省时间、缓解压力的零售商和品牌就成了许多单亲母亲（少部分单亲父亲）的选择。我们采访过一些单身父母，发现这些经历影响了他们生活的很多方面，使他们在消费上更加节俭，在时尚品位方面更加不拘一格和个性化。

年轻人更愿意生活在城市，推动了城市化的总趋势。美国正处在大量人口向城市迁移的浪潮中，这是美国人口普查局自1970 年开始追踪这些数据以来规模最大的一次人口迁移，其中包括年轻人、受过教育的人、收入较高的人和空巢老人。[16] 人口迁移背后隐藏的是对传统工作和生活方式的颠覆。传统的朝九晚五的办公室工作已经被更灵活的"零工经济"取代，零工经济的生产形式更加网络化，围绕着按需、现场的活动组织起来。据此，我们预计，在零工经济中，"家庭"的社会定义将会发生改变，以便支持随时随地的工作和娱乐。随着生活方式比较灵活的人们以各种不同的方式完成工作，家庭和工作之间，甚至家庭和工作与社交场所之间的区别将会消失。以前星巴克是人们在家庭和办公室之外的第三个活动场所，现在却成了人们的第一选择。

人口向城市迁移提高了美国城市的整体收入水平，引发了包括零售业和餐饮业在内的新一轮发展高潮。

城市变得越来越大，人口越来越密集。自 2006 年以来，美国最大的 50 个城市每平方英里的人口密度增长了 28%，预计到 2026 年还将增长 10%。[17] 人们希望看到本地化的商店，里面有他们社区想要和需要的商品。随着人口密度和购买力的增加，新型分销模式应运而生。当地商店将成为配送中心，使送货上门成为人口密集地区的必然选择。

另一个新的趋势是城市周边地区（除了郊区，还有通勤者常常绕开的周边地区）的人口密度不断增加。由于城市房价过高，人们希望住在房价更低的城市周边地区。在旧金山湾区、达拉斯、盐湖城、菲尼克斯、纳什维尔和休斯敦，这种现象正在加剧城市的扩张。[18]

美国社会经济状况

人们的生活态度和行为方式都是造成供需失衡的因素。我们将重点介绍这些态度中一些有趣的方面，这些方面显示了差异——各种社会经济指标高度表明了态度，并反映了美国的体验碎片化。

首先，生活的地区不同，人们的购买行为也不同。大卫·贝尔在2014年出版的《不可消失的门店》一书中写道："事实证明，人们在超市购买最多的产品，如啤酒、咖啡、蛋黄酱和软饮料等，其领先品牌的相对市场份额在美国的不同地区有很大的差异。"[19] 他举了一个有趣的例子，东北地区的人们钟情于麦斯威尔咖啡，旧金山的人们则更偏爱福杰仕咖啡。这是因为，福杰仕咖啡产自旧金山，而麦斯威尔咖啡产自美国东北部。几十年后，人们并没有忽略产地，品牌之间的竞争也没有变得更加公平。

许多品牌都是如此。比如，在亚特兰大，与百事可乐相比，可口可乐大受欢迎，人们甚至把所有苏打水或汽水都称为"可口可乐"。有意思的是，贝尔发现，即使人们从波士顿搬到了旧金山，20年后，他们依然偏好原来的咖啡品牌（尽管大多数味觉测试显示，几乎没有人能够区分不同品牌咖啡的差异）。有趣的是，人们长期以来的购买行为很大程度上会被所在社区的偏好（朋友和邻居的建议或意见）、产地的历史根源和该地的文化根源影响。即使社区不断分化，这种影响依然存在，且最终会对面向消费者的行业的战略和结构转型产生巨大影响。

比如，同性夫妻大多集中在美国沿海和城市地区，而在其他地区，同性夫妻的数量则少得多。在同性夫妻聚集地，那些具有创新性、甚至非主流的零售商和品牌往往更受欢迎。因此，许多新的数字原生零售初创企业（通过电子商务网站或移动应用程序建立的企业）在这些地区做得很好，然而当它们试图向其他地区发展时，却无法获取足够的客户。在拥抱变革的文化氛围中，人们可能会不经试用直接网购一个床垫或一副眼镜，但其他地区的人大概率不会这样做。

再比如，农村地区的零售商往往更专注于小众市场。这些企业迎合了更粗犷的、崇尚个人主义的消费者，为他们提供了安全保障，并且做得很好。拖拉机供应公司就是一个成功的例子，它集家居装饰、草坪和花园零售于一体，倾向于在农村地区开店，所售商品范围广泛——包括枪支、宠物用品和耐穿的鞋子。这家零售商为那些认为自己是自由主义者并关心个人防卫和自由的人提供了一个心理支持性的环境。拖拉机供应商通过从其品类杀手级竞争对手那里夺取市场份额而实现增长。与其他品牌不同，它为品牌爱好者提供了一个社区，以及他们生活和工作中所需的一切。

在互联网时代，这种品牌归属感更为重要，因为消费者在寻找他们想要的东西时更加挑剔，并且会支持与自己观点一致的品牌。假如迈克来自英国，过去在他生活的小镇买不到他最喜欢的约克郡茶，那么他可能会去买立顿茶，融入大众市场。然而现在，有了无尽的网络通道，他可以搜索到自己喜欢的产品，不再需要去实体店找同类商品。大众市场的地位受到了威胁，迈克喝到了他想喝的提神茶。人们可以随时随地买到任何小众的产品，也可以随时接触到新的态度和观点。

关键的一点是，全国各地的态度和价值观已经产生了巨大分歧，市场愈来愈碎片化。这些不同的行为是显而易见的，而且还在继续增加。人们居住的地方不同，经验也不同。事实证明，扁平的世界（日益全球化、相互联系、快节奏的世界）意味着我们的经验将趋同的想法是错误的。

我们可以从政治和新闻中看到这一点，也可以从食品趋势中看到这一点：在收入较高的美国人中，素食主义、纯素食主义和无麸质运动逐渐流行起来，对有机和本地食物的关注也有所增加。相反，还有许多贫穷的美国人买不起农产品或其他任何健康食品。这些趋势是碎片化的。即使在卫生领域，不同地区之间也存在巨大差异。

即便是吸烟这样的小事，也因地区而异。吸烟者大多是年轻的男性，受教育程度较低，生活在南部或中西部，且处于贫困线以下。[20] 这个群体对品牌和零售商的态度非常传统和保守，他们讨厌变化。比如，他们喜欢李维斯牛仔裤，但讨厌该品牌目前的营销方式，他们认为这是在试图改变品牌的历史和文化。这些传统的态度在未来是否会像嘻哈音乐和人们对它的态度演变那样成为主流呢？几乎没有零售商或品牌直接与这个群体对话，但他们有着独特的需求、欲望和收入。

两极分化

这些趋势有一个共同点——都发生在某些地方的某些群体中。例如，人们越来越多地与长相、思维、收入和自己相似的人在一起。

无论是心理上还是身体上，人们都把自己与那些不像自己的人分开。从 1970 年到 2012 年，许多家庭从中产阶层社区搬到了富裕的社区，进一步划清了自己与其他人的界限。在此期间，有孩子的家庭居住在非常富裕的社区（富人的平均收入是其所在城市平均收入的 1.5 倍以上）的比例增加了一倍多，住在中产阶层社区的人数却少了许多。1970 年，有 64.7% 的中产阶层家庭住在富人区，2012 年这一比例仅为 40.5%。[21]

婴儿潮一代长大后，绝大多数孩子都住在中产阶层社区，而且（尽管中产阶层的收入存在差异）他们能上同样的学校，结交朋友或参与社交活动。现在却不是这样了。富人的孩子花在私立学校、私人运动队、学费和社会活动上的钱比以往任何时候都多，但很少有中产阶层的孩子参与其中。从 1990 年到 2012 年，私立学校的平均学费（以 2012 年的美元计算）上涨了 116%。体育运动也越来越昂贵，球迷中的蓝领工人数量越来越少。职业足球门票的价格自 2006 年以来上涨了 50% 以上，职业冰球门票的价格较同期上涨了 17%。这些球迷中有三分之一的人年收入超过 10 万美元，而在美国只有 19% 的人达到了这一水平。[22]

在教育方面也是如此——更多拥有学士学位的人聚居在一

起，[23] 与其他拥有学士学位（或来自类似大学）的人结婚的比例显著增长。与来自同一社会经济群体（教育水平和背景类似）的人结婚的人数之多前所未有，老板和其秘书或助理结婚的时期已经过去了。与其他已婚夫妇生活在同一社区的已婚夫妇越来越多（这些都与收入有关）。[24]

种族也是如此。尽管非洲裔美国人的种族隔离自 1960 年以来已经显著减少，但他们与白人之间的种族隔离程度仍大约是任意种族中穷富隔离的三倍。与此同时，随着时间的推移，移民、拉美裔美国人和亚洲人越来越被隔离。[25] 最重要的是，无论你是走出家门，参加儿童体育活动，还是参加社交活动，遇到与你不同的人的概率都是这一代人中最低的。社会正在分裂成多个志趣相投的小圈子。

对零售的影响

正如之前所说，碎片化使零售商不能大规模推出产品，增加了小众品牌和产品的供应。为什么呢？因为几乎每个维度的消费者群体都有不可思议的细分。这对零售商的影响是显而易见的。首先，他们必须迎合不断变化的人口结构。例如，从 2011 年到 2015 年，番茄酱的销量平均下降了 0.2%，而随着美国拉美裔人口的持续增多和美食家们不断尝试新的口味，小众辣椒酱品牌的销量平均增产了 7.1%。如图 4-5 所示。

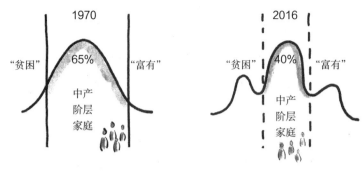

住在与众不同的人附近的可能性最低的一代人

- 种族
- 民族
- 性取向
- 政治
- 收入
- 婚姻状况
- 宗教

图 4-5　极化

　　各个品牌不得不面对消费者越来越独特的需求和偏好，这些偏好正在创造无限数量的有限市场。例如，食品杂货类别已经从"卡夫食品"变为手工食品。初创企业、有机和本土品牌以及从当地农民手中收购的小型食品杂货店正在抢占大型食品公司的市场份额。根据美国农业部的数据，从 2014 年到 2015 年，国内有机食品市场在全国范围内增长了 12%，2014 年当地食品销售额达到了 120 亿美元，高于 2008 年的 50 亿美元，平均年增长率 7%。[26]

　　与此同时，小众企业正在蓬勃发展。市场研究公司欧睿信息咨询的数据显示，从 2005 年至 2014 年，金宝汤的市场份额下降了 13%，而艾米的厨房——一家生产有机和非转基因冷冻食品的家族企业的市场份额增长了 175%。艾米的厨房只是众多抢占传统品牌市场的小公司之一，面对众多庞大的企业，它们不得不创造独特的利基市场。另一个例子是精酿啤酒的爆炸式增长。2015年，精酿啤酒占美国啤酒市场的12%。根据酿酒商协会的数据，该年美国啤酒厂的数量增长了15%，是美国历史上增长最快的一年。[27]

即使是李维斯这样的美国标志性品牌也未能幸免于难。1996年，李维斯的销售额高达71亿美元，比当时的耐克还要多。但是五花八门的小规模竞争者抢占了它的市场——高端消费者被赛文·弗奥曼德和真实信仰等高端品牌抢走了，而李和威格等实用品牌吸引走了许多普通消费者。李维斯的销售额在2003年跌至42亿美元的最低点，之后一直没有什么增长，2015年达到了45亿美元。[28]不仅仅是牛仔裤，李维斯旗下以卡其裤著称的服装品牌多克斯也受到了Bonobos等新兴品牌的冲击。沃尔玛认为Bonobos可以进入大众市场，[29]该品牌在成立之初销售额增长了200%以上。[30]尽管李维斯等品牌仍得益于强大的顾客忠诚度，但它们将很难在饱和、碎片化的美国市场中继续增长。

零售商正急于适应这种新的现实。许多大型零售商也在转战利基市场，比如全食超市努力在任何一家门店采购15%~30%的本地产品，最近还通过365家门店来吸引更年轻、收入更低的人群（这或许是亚马逊看好它的一个重要原因）。尽管这些举措取得了一些成功，但要想在日益多样化的利基市场中分一杯羹，还远远不够。零售商发现，即使是在同一个城市，邻里之间对方便食品、民族特色食品和健康食品的偏好也有很大差异，这表明，碎片化加剧了人们的消费差异。

　　美国人生活在碎片化的美国各州，这对零售商和品牌产生了巨大的影响。接下来，我们将探讨导致这些变化的主要原因。有一个因素不仅推动了需求模式的改变，加剧了产能过剩和社会的碎片化程度，还提供了解决这些问题的办法。这个因素就是科技。

第五章
科技是"催化剂"

显然，技术一直是通过新的交付和销售渠道增加进入市场的商品供应的关键工具。它创造了一系列尚处于起步阶段的新商业模式，并且正在重塑零售格局。最后，技术改变了消费者日常生活中的购物体验，大大减少了人们去实体店购物的时间，同时也彻底改变了消费者的购物方式。

电子商务从失败走向成功的原因

网络世界最初以"一声巨响"进入美国人的生活，而后又在"呜咽声"中消失了。20世纪90年代末，第一次网络泡沫似乎让人们看到了通过网络重塑商业的希望。但在短短几年内，大多数想要这样做的企业都失败了。

早期的电子商务注定会失败，主要有两个原因：一是供应不足，二是存在技术障碍，也就是基础设施不完善。

首先，当时的企业没有经历过像今天这样的商品供应过剩的局面。在20世纪90年代，一些有竞争关系的网站，如Petstore.com和Pets.com，Furniture.com和eToys.com，都没有推出能让其商业模式高歌猛进的产品。品牌、包装公司和零售商不愿意相信互联网初创企业，并拒绝向它们销售产品。惹恼它们已有的渠道合作伙伴的商业风险过大，无限的通道只能视为一个梦想，因为只有少数产品可以随时提供给消费者。

通过互联网档案馆，我们对那个时代的网站进行了一次初步浏览，可以看到那些店面的产品选择相对较少，展示的方式也缺乏想象力（如亚马逊早期的页面，见图5-1）。这些网站的吸引力主要来自低廉的价格，它们的配送模式要么根本不存在，要么过于雄心勃勃。Kozmo和Urbanfetch等公司承诺在一小时内免费送货，包括图书、音乐、影像、电子产品、个人护理产品和食品等。在2000年年初互联网泡沫破灭后，几乎没有人认为这种新的互联网销售热潮会带来很大的收益。

那个时代一个臭名昭著的例子就是Webvan，一个提供送货上门服务的公司。在不到两年的时间里，这家公司从市值12亿美元、拥有4 500名员工的大公司沦落到破产清算的地步。在开业不到18个月的时间里，为了迅速扩张并进入美国多个城市，

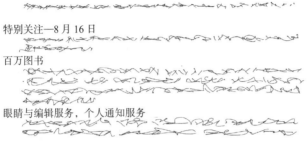

欢迎来到亚马逊图书！

百万图书，持续低价

特别关注——8 月 16 日

百万图书

眼睛与编辑服务，个人通知服务

图 5-1　亚马逊早期图书首页

亚马逊早期主页的丰富性与个性化程度与现在相差甚远

该公司斥资逾 10 亿美元建造了一系列仓库，每个仓库的造价为
3 000 万美元。后又上市并筹集了近 4 亿美元。但由于选择不当、
成本高和顾客密度低（这意味着配送不划算），Webvan 模式成了
该时代最典型的失败案例之一。没有好的产品，就很难满足消费
者的需求。尽管缺乏产品渠道，一些商业模式还是存活了下来。

　　亚马逊可以幸存下来主要得益于它最初选择的商品类别是
书。由于其自身的特点，如便于商品化、提供大量商品的便捷性、
可获得性和配送网络的经济性（如美国邮政、联合包裹、联邦快
递），消费者不用试穿，书在网络销售中有很强的竞争力。亚马
逊最初叫"Cadabra"，由于与"Cadaver"（尸体）一词发音相近，
杰夫·贝佐斯放弃了这个名字。1995 年，贝佐斯的父母是该公司

最早的两个投资者。两年后，亚马逊的股票首次公开发行，并推出了一键配送服务。亚马逊存活了下来，后来它逐渐扩展到了书籍以外的领域。

易贝是另一个幸存者。它提供点对点销售，以及使它能利用现有的库存和配送基础设施的营销和配送方式。正如易贝和亚马逊的例子所示，早期电子商务的成功得益于对有限的产品获取渠道和现实世界的充分利用。亚马逊选择了从可以获得更大市场的书籍开始做起，并充分利用已有的配送网络，易贝则瞄准了闲置物品的交易业务。

然而，在接下来的 20 年，随着产品供应的增加，人们面临着寻找新的分销渠道的压力。到了 2008 年，这种压力越来越大，网络逐渐成为一个充满吸引力的分销渠道。2008 年，在线销售总额为 1 410 亿美元，仅占零售总额的 3.6%。在接下来的 8 年里，在线销售额增长了 2 倍，达到了 4 200 亿美元，2016 年占总销售额的 8.4%。[1]2016 年秋季至 2017 年年初，网络世界的爆炸式增长更为迅猛。

为什么会这样呢？首先，消费者习惯了在线订购。大萧条造成了供应过剩，以至于每个零售商或品牌都争先恐后地销售自己的产品——以极其低廉的价格在各地销售。科技提供了一个新的分销渠道，考虑到企业要出售的过剩供应水平，这个渠道值得重视。于是，Gilt Groupe、高朋、Rue La La 等折扣商品销售网站应运而生。亚马逊通过其商店向消费者提供几乎所有类别的所有产品，现在供应链开放了。零售商都试图通过在线销售清空库存。

在线零售业正在实现规模化，但还没有完全成熟，这需要更长的时间。

如果现有的零售商或品牌能够控制市场，新科技的出现可能不会对消费者和零售市场产生如此大的影响。毕竟，与其借助互联网，现有的大型零售商更愿意以一种可控的、可估量的方式发展自己的门店，通过调控价格来增加销售额。而初创企业有使用互联网技术的动力，事实证明，这些技术极具开创性。初创企业蓬勃发展，能够利用日益网络化的世界，因为从2010年到2016年，一系列条件有利于快速、灵活的竞争者。

有利的条件有什么？首先，也是最关键的一点是，几乎可以获得无限的资金，从而资助不赢利的初创企业（甚至包括亚马逊）。这一现象产生的原因，有待金融界来研究。

我们来探讨另外三个同样重要的因素：消费者偏好的迅速变化、新分销机制的出现以及获客成本的巨大变化。

首先，正如我们在第二章和第三章讨论的，美国正在经历消费者偏好的巨大转变，部分原因是态度、人口、社会和地理因素的变化。

这些变化都为充满创造力的竞争者提供了赢得顾客的机会。人们对食品、化妆品和饮料的偏好也在转变和分化。人们正在寻找与其特定口味相匹配的产品，新兴食品品牌的增长就是证明。饮料市场出现了冷榨果汁、康普茶和天然苏打水品牌，如泽维。以乔巴尼为首的希腊酸奶大受欢迎，该公司市值在不到5年的时间里从0增长到10亿美元。Axiology和Aster&Bay等全新的纯天然美容产品品牌也在市场中占有一席之地。辣椒酱、汤料和有机食品的销量都出现了爆炸式增长，夹心饼的热度也有所上涨。当大品牌都在试图运用规模效应时，人们口味偏好的碎片化对新兴企业来说无疑是件好事。

技术带来的第二个变化是创造了新的分销机制。一个简单而明显的例子是图书，（由于科技的发展）现在图书既可以从亚马逊上订购，也可以通过新的数字平台传送到 Kindle（亚马逊电子书阅读器）和 iPad（苹果平板电脑）上。随着网络和人们的生活联系得越来越密切，销售的方式也在不断增多。亚马逊、易贝和阿里巴巴为几乎所有新产品或服务提供了即时进入大市场的渠道。消费者可以在 Instacart、谷歌快递、蓝围裙、Postmates、Grubhub、Eat24、Caviar 等诸多网站订购食物。Deliv 的众包模式为所有小规模的独立零售商提供送货上门服务，即使是最新、最小的零售商也能有效地触及自己的客户群。科技还从根本上改变了影视媒体的消费，亚马逊和网飞现在既生产内容，又销售内容。

在一个资源过剩和价格紧缩的世界里，配送是至关重要的。消费者最在意的是便捷，通过在线或移动设备购买产品后就可以在家中快速拿到，大大方便了人们的生活，这是实体店很难做到的。

最后一个有利于初创企业的因素是客户获取成本的大幅转变。谷歌、Meta 等社交网站的出现为许多新公司提供了一个可以接触到数百万潜在客户的机会。由于大型品牌反应迟缓，这些广告位最初定价有误，初创企业利用这一优势，以较低的成本吸引到了新客户。例如，Bonobos 在 Meta 上的营销非常成功，该社交网络一度推动了这家服装店 10% 的网站流量。小蜜蜂这个品牌在 Meta 上发布的视频获得了成千上万人的喜爱，销量大大增加。时尚网站 Hautelook 利用 Meta 为独家销售商品做广告，创造了 10% 的销售额，转化率提高了一倍。[2] Warby Parker（出售廉价眼镜）、Gilt Groupe（提供低成本的品牌渠道）、高朋（出售折扣服务和产品）等充分利用社交媒体和数字营销，使品牌迅速发展壮大。而许多大型零售和消费公司很长一段时间都没有使用社交媒体和数字广告。

所有品牌经销商都意识到要开发自己的技术，并增加服务客户的方式。这意味着过剩的供给正在以前所未有的速度通过更多渠道进入市场。互联网已经彻底打破了零售商店对进入市场的产品数量的限制。

因此，所有零售商都争先恐后地在网上开店。冰球巨星韦恩·格雷茨基宣称，他的成功是因为他拥有非凡的预判力，能够快速到达冰球未来的位置，而不是停在冰球现在的位置。如果把这一点应用到零售商身上，那么他们都姗姗来迟地奔向冰球已经在的地方：网络。问题是，大家都在网络上投入了很多钱，试图让网络世界运转起来。投资增加导致总利润率减少，网络对线下实体店造成了冲击，在零售业引起了进一步的混乱和恐慌。

问题在于，每一笔从线下转向同一家零售商线上的交易，都会导致利润下降。没错。通过在网上销售与实体店完全相同的产品，现有的每家企业都会损失一些利润。因此，零售商所做的事正在攻击他们的整个商业模式，这是目前最让零售业高管头疼的问题。老牌企业在网上销售赚不到钱的情况下会损失市值，初创企业怎么可能在这种情况下实现巨额估值呢？

让问题更加严重的是，大多数零售商的供应链是为了规模效率而建立的，而不是为了小额在线订单和高退货率。试图改变这种情况或管理每个渠道的活动的成本非常高。例如，让商店员工挑选和包装商品，然后从商店发货，或者让消费者在商店内取货，或者在商店里处理网上退货订单，成本很高，且流程比较复杂。事实上，实现完全的渠道整合，即让消费者在网上和实体店获得同样的体验，以及支持在线销售，对大多数零售商并不具有经济意义，但显然必须这么做。可以说，要实现完全的渠道整合，需要对管理框架、供应链和客户获取流程进行彻底的重新设计。

最终结果是，供应量大幅增加，客户更容易获取。价格越来越低，也越来越透明。没错，科技也摧毁了零售商调控价格的能力。

互联网的一大影响在于，它从根本上改变了消费者的行为方式。显然，通过在线购物、购买前搜索、看买家评论，消费者每一步都在使用科技。科技颠覆了行为经济学家长期以来对消费者"非理性"的假设。

价格就是其中一个设想。如今，数字革命使得消费者能够在网上知晓产品的绝对价值，而不会被操纵去多花钱。最近的一项研究介绍了一个实验，该实验要求消费者从两种碎纸机中选择一种：第一台的价格是 20 美元，一次粉碎 7 张纸；第二台的价格是 50 美元，一次粉碎 11 张纸。当只有这两种选择时，人们往往认为买 20 美元的碎纸机更划算。但是，如果有另一种碎纸机的价格是 95 美元，可以粉碎 12 张纸，那么 50 美元的碎纸机似乎更划算，人们大概率会选择后者。接下来看一下，加入技术因素会产生怎样的效果。研究人员在一个与亚马逊类似的环境中进行了相同的实验，为消费者提供了多种选择、价格和其他消费者的评价。这一次，售价 20 美元的碎纸机与售价更高的同类产品一样受欢迎，即使推出了售价 95 美元的碎纸机，也是如此。[3] 换句话说，曾经证明消费者不理性的测试并没有反映出新的现实世界，如今人们会寻求其他消费者的意见并比较价格。消费者变得越来越聪明，越来越不容易被操纵。

这个实验表明，通过操纵消费者行为来推动利润和销量的增长，即使不是不可能，也将越来越困难。事实上，这种操纵行为会降低消费者对品牌的信任度，除非零售商可以清楚地解释改变产品的原因。

现在，动态在线定价提供了一个获取短期收益的机会，但消费者最终会认识到这一点，并将这一手段告诉其他人。许多消费者已经对亚马逊频繁的价格变化感到失望，Tracktor.com 和 Keepa.com 等企业已经开发出了追踪这些价格变化的方法。据估计，亚马逊每天要修改 250 万次价格，覆盖其库存的 15%~20%，而传统的大型零售商每个月只修改 5 万次价格。当消费者倾向于购买某一特定类别的产品时，比如在深夜购买电子游戏，亚马逊的价格变化也会对其造成冲击。亚马逊通常会将其最畅销的大件商品的价格定得低于竞争对手，但会提高较便宜的相关商品的价格，比如电视机的电缆，因为它料定消费者不会比较小件商品的价格。[4]

这给那些寄希望于通过定价来提高利润的零售商敲响了警钟。假设历史弹性（由于价格变化导致的销售增加或减少的比率）将保持不变，这是一个很大的信念飞跃。智能手机和买家评论使消费者看破了零售商的"阴谋"。因此，当价格因供过于求而下降时，零售商将无法收取更高的价格。科技最终也会使运输成本降为零，部分原因是，可以持续高效送货的自动驾驶汽车将会取代昂贵的劳动力。

新的商业模式

API（应用程序编程接口）是一层软件，它使每个设备都能与其他设备进行通信，并且定义了通信的性质和结构。就像空中交通管制员一样，它决定了哪些飞机（信息）在何时何地降落，哪些飞机起飞（信息共享）。正如未来研究所——一个位于加州帕洛阿尔托的非营利智库的专家所说，API 解释了为什么有那么多新的商业模式，并正在改变我们的消费方式。如图 5-2 所示。

随着世界日益网络化，对通信和数据流的管理越来越重要，这意味着 API 在现代世界发挥了巨大的作用。API 对共享数据至关重要，它使 Meta、谷歌地图和智能手机能够运行，使优兔上

① 应用程序编程接口   ② 分布式计算（区块链）   ③ 人工智能

• 亚马逊智能助手
• 虚拟助手
• 苹果智能助手

图 5-2　软件正在掌控世界

的海量内容成为可能，为优步派车，为爱彼迎提供客房，管理亚马逊的内部系统，等等。照片墙使用 Foursquare 的 API 来提供位置标签，并将自己的 API 向其他应用程序开放，优步、来福车和爱彼迎使用谷歌地图的 API 来显示它们的汽车或出租房屋的位置，这些我们都习以为常了。但如果回想一下 2008 年——乔治·布什政府执政的最后一年，也就是"大衰退"全面爆发的那一年——这些用途才刚刚起步。

　　赛富时是一家管理客户关系的云计算公司，如今市值达 60 亿美元。该公司在 2000 年推出了第一个大型 API，让客户能够在不同平台上共享数据。易贝很快也推出了自己的 API，使第三方合作伙伴更容易与网站集成，并帮助双方发展壮大。[5]

　　这种新的、简单的编程接口推动了零售革命和新的商业模式的出现，这是怎么做到的呢？

首先，由于API的特性，一旦它解决了一个问题，这个解决方案就会变得人人可用（API还不能获得专利）。所以一旦谷歌创建了谷歌地图，各种各样的企业——从位智到Yelp再到迪士尼——都可以在此基础上创建自己的功能。当地商店网站（会告诉你如何去它们的商店）和一些重要的新业务模式（优步和爱彼迎），都是通过API快速实现的。当优步找到了在谷歌地图上标记车辆的方法后，下一层开发工作就开始了——Instacart、Deliv等公司在地图上标记了杂货店和送货车。API使得新的商业模式迅速发展。

API还使双向通信成为可能。这样一来，消费者和生产者的身份可以互换——他们的数据对公司来说同样重要。优步的成功在于拥有大量司机和乘客的信息（并能够将他们联系起来）。从出租车到酒店再到餐厅，API技术仅凭一己之力就颠覆了传统的组织模式，同时发展了一系列新的关系。由于这种双向通信的能力，API还有助于创建在同时增加生产者和消费者（或司机和乘客，如优步）的网络效应上蓬勃发展的企业。网络效应通常被定义为那些创造价值的业务与系统内参与者的数量成正比。它们可以，而且很可能会改变企业的多个方面，比如由谁来控制关于品牌的言论、设计产品或决定何时工作。新的信息流使这些问题的答案变得不确定，但它们极有可能是自上而下的。有了API后，哈雷戴维森可以帮助骑行者规划路线，找到沿途的驿站，同时骑行者还可以向朋友分享行程，增进了哈雷车主们的联系。这在

API 出现之前是不可能做到的。有了 API，公司将能够更好地与它们的客户接触，并让其客户更好地与彼此以及更大的品牌接触。

新的网络世界的另一个重要特征，很大程度上是由 API 实现的，它使未充分利用的资产获得了价值，无论是闲置的卧室、汽车、商店的空间，还是人际关系。正如未来研究所的技术专家说的那样："当 API 应用到一个新的领域时，发送信号、提供信息和服务的开销都将趋近于零。大多数人可能都有闲置资产或未充分利用的能力，这一点有些不易被察觉，通过允许 API 进行协商和分发，人们可以将这些资源提供给其他人，几乎不用付出任何成本。人们甚至不需要知道自己的闲置资产被用来做什么了。"

API 的快速开发和应用的影响远不止于此。它们帮助紧密的用户社区无缝地在世界上移动，没有摩擦。一个很好的例子就是迪士尼主题公园里的魔法腕带——用户可以通过腕带进入公园，打开他们在度假村的房门，购买食物和商品，并获得定制的体验。通过分布在公园各处的传感器，迪士尼可以追踪园内的每一个人，而且所有顾客只需轻轻一挥手腕，就可以消费。其他的例子包括大多数人口袋里的智能手机和手腕上的智能手表。消除令人沮丧的摩擦的能力为人们带来了全新的便利，使零售商有机会与消费者建立更有意义的联系。

零售商还没有充分利用 API 带来的便利。API 可能会带来全新的交易方式，并允许商店在其他公司开发的技术基础上创造全新的体验——比如，轻轻刷一下腕带就能结账，从收件箱到网飞都拥有交互式显示界面。API 为人们创造了新的空间，让人们在不受商业和社区控制的情况下交流想法（比如维基百科）。API 甚至让用户能够创建完整的认证交易链，以促进支付，从而彻底颠覆了货币世界。比特币及其操作系统（区块链）就是这么做的。API 还将在暗网（该系统由美国国防部高级研究计划局设计，该机构也是互联网的发明者，由于不受中央政府控制，平台交易更安全且选择更多）中开启一个全新的"黑暗商业"世界。矛盾的是，即使在信任度很低的情况下，比如毒贩或武器走私者之间，API 也可以创建具有高信任度的网络环境。比特币和其他支付系统的强大功能意味着货币可能会被淘汰——人们的交易对象和交易方式都可以通过 API 来处理。

事实上，区块链即将到来，而且会对零售业产生重大影响。区块链仍处于起步阶段，它是一种公开的"分布式账本"，允许立即验证谁拥有哪些资产，执行某些任务或支付账单的工作目前还处于起步阶段。起初区块链的出现只是为了让比特币发挥作用，但现在区块链的应用已远不止此。它是一种发布而非复制信息的方式，试想一下，同样的电子表格被复制到数千台电脑上，点击一下按钮就可以更新所有的电子表格。由于所有人都可以从区块链中受益（对企业来说更容易管理且成本低，对消费者来说更安全、更具协作性），区块链的普及是必然的趋势，并对人们的工作和生活方式产生深远的影响。现在很难想象零工经济的发展会超过优步等公司，但在未来，人们将能够通过公开区块链的记录相互验证，组成独特的团体，执行各种任务和工作安排。区块链也省去了集中控制和管理数据库的麻烦。据估计，银行每年在信息技术上的支出高达 2 000 亿美元，区块链技术可以帮助银行节省大量开销。在不久的将来，几乎每家银行都将启动区块链项目，这也会加速区块链的发展和更广泛的应用。分布式计算和区块链使商业协商更加安全可信，一股联系人们的全新技术浪潮——点对点商务正在到来。如图 5-3 所示。

区块链

＋

多人用手持设备进行交易

＝

点对点商务

图 5-3　分布式计算

随着计算能力的增强，尤其是手持设备的演化，一个人将能够在一对一的平台上与另一个人进行交易，而且过程越来越容易。没有人会控制中央服务器，区块链会处理支付方式，验证交易，并担保参与者的声誉。区块链技术的出现对现有的大型平台（如亚马逊和优步）是一个大的冲击，其影响短时间内还很难被察觉，但后平台或集中零售的潜力正在显现。比如，用户可以在分散式在线平台 openbazaar.com，使用比特币进行交易，不需要支付任何费用，也不受任何限制。你可以思考一下，这是否可能像 1995 年的亚马逊那样具有革命性。

　　现在已经出现了类似的应用。亚马逊的应用程序 Firefly 允许人们对一个物体拍照，然后会立即弹出对该物体的描述，并链接到亚马逊上，方便人们购买，我们的世界似乎成了一个巨大的"商店"。这也使想要归属于某个社区的影响更加明显，现在如果人们看到某人穿的衣服或使用的某个产品很酷，只需轻轻一拍照，就可以当场购买。如图 5-4 所示。

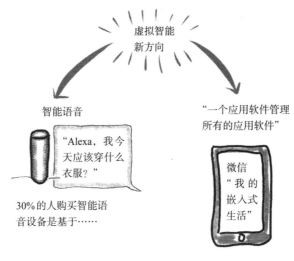

图 5-4　虚拟智能新方向

　　这些新的商业模式打破了曾经控制生产什么、销售什么和由谁销售的瓶颈。20 世纪早期以来的零售主要围绕汽车进行，而现在正日益分散地被软件重新配置。这是一个很重要的观点。容易因为这个软件而发生巨大变化的是那些有瓶颈的行业和公司，流程或系统的某些部分阻碍了它们快速有效地扩展。对零售业而言，其中一个瓶颈是商品的购买、规划和分类——这也是为什么创造无尽的通道如此重要。如果你能打破计划者对你所能看到或购买的东西的控制，那么这个功能和控制点的价值就会大大降低。API 的能力使更好地完成这项工作成为可能，这是数字革命的核心，也是关于过剩的供应如何迅速接近消费者的论文的核心。

另一项不得不说的技术是人工智能，因为它将推动另一波颠覆性技术的发展，而这将导致更多的混乱。这些技术包括个人助理和语音识别设备，如 Echo 或亚马逊的 Alexa。技术已经足够成熟，很快就会有一个小助手来处理人们生活各方面的事务，从私人教练到健康饮食和健身，再到管理时间表，安排约会，甚至是提供自动采购服务。如图 5-5 所示。

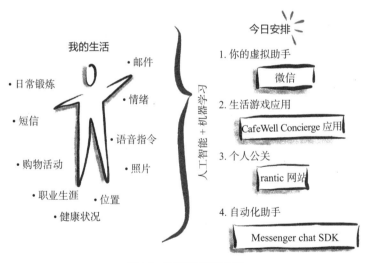

图 5-5　用虚拟智能辅助生活

这些设备会高度个性化且充分掌握人们的喜好。由于这些设备会记录人们的消费习惯，它们将对人们的购物行为产生巨大影响，因此可以说，掌握了该技术的公司也就拥有了操纵人们钱包的力量。比如说，这个充分了解你的设备建议你尝试一种新的洗发水，并且价格很合理，你会阻止它为你订购吗？一些公司已经在着手解决这个难题了：如 Messenger 的 Chat SDK（Meta 的智能助手）、微信秘书（为在北京的外国人提供帮助）和 Cafe Well Concierge（提供健康建议）。

随着利用网络效应的新商业模式的创建，零售行业也可能面临重大的颠覆，这将使它们在现有零售网络上获得竞争优势。这是什么意思呢？

回顾一下：网络效应通常被定义为那些创造价值的业务与系统内参与者的数量成正比。易贝就是一个例子，它的运作依赖于网站上的卖家和买家。随着越来越多的卖家在易贝出售商品，越来越多的买家来到这个平台，进而形成了一个循环。在互联网的早期，越来越多的卖家把商品放在易贝上，这使它成了唯一一个拍卖物品的平台，后来就只是买卖物品了。

网络效应在技术公司尤为普遍——如优步（更多的司机＝更好的服务＝更多的顾客＝更多的司机想在优步工作）；爱彼迎（更多的租客＝房间的信息登在更醒目的位置＝更多的房源＝更多的租客）；iPhone（苹果手机）（更多的顾客＝开发了更多应用程序＝更多的顾客想买 iPhone）。谷歌利用网络效应成为最主要的搜索引擎——它的算法整合了所有网页的链接数量和人们的浏览痕迹（更多的谷歌搜索＝谷歌更了解人们在寻找什么＝更有针对性的搜索结果＝更多的人使用谷歌）。这些类型的企业的先发优势是巨大的，这也解释了为什么在技术领域通常只有一个赢家。

这一点对那些想要在线上竞争的零售商来说非常重要。原因很简单。亚马逊受益于网络效应，使得其他公司根本无法赶上它或与其竞争。随着时间的推移，如果在亚马逊上可以买到同样的商品，人们为什么还要去当地商店的在线网站，甚至是其他大型网站呢？人们已经习惯了在亚马逊上买所有生活用品，为什么要转移到另一个网站购买呢？这样做没有意义，尤其是人们很可能会发现，在其他网站，产品的性能更差且选择更少。也许沃尔玛凭借它的规模和收购了 Jet.com 之后，可以与亚马逊竞争，但其他网站都做不到。如今，亚马逊的规模几乎是沃尔玛的 11 倍，沃尔玛是仅次于亚马逊的第二大在线企业，排在第三位的是塔吉特，其规模仅有沃尔玛的三分之一到二分之一。

除了消费者驱动效应（亚马逊上庞大的顾客数量吸引了更多卖家，又引来了更多的顾客），还有供应驱动的规模经济（将巨大的分销投资分散到特别大的数量上的能力）。由于一流的规模经济，亚马逊的配送成本比其他公司更低。亚马逊管理配送队伍的运力和成本，从而提供"定期订购以节省更多"服务的能力，让那些因快递成本而不接受网上订单的零售商感到脊背发凉。沃尔玛会是下一个拥有这种配送能力的公司。

亚马逊还有一个巨大的优势：它能够消除令人沮丧的摩擦力。简单的支付系统、出色的 Prime 计划、优秀的客户服务和种类繁多的产品，使其成为其他网站无法匹敌的无障碍网站。如果突然想买洗衣粉、肥皂或杂货，你为什么要去当地商店的网站或其他大型网站重新录入所有数据，而不去亚马逊呢？你肯定还是会选择去亚马逊。当然，这些商店一开始能吸引到顾客，实现业务增长，但它们可能永远无法实现规模经济。因此，每个零售商都应该问自己这样一个问题：我在电子商务业务上的投资能否有回报？技术企业的网络效应使得线下零售商进入在线市场的道路漫长而艰难，这是它们不得不面对的现实，除非其销售的产品在亚马逊上没有竞争对手，或者企业本身可以利用技术优势。

有几个这样的例子。第一个是安德玛大举进军数据领域，通过收购 MapMyFitness、MyfitnessPal 和 Endomondo，追踪人们的运动信息和营养状况。耐克也在技术追踪方面做着同样的事情。星巴克应用程序的奖励机制和代金券优惠，以及与最近热门的《精灵宝可梦 Go》游戏的合作，吸引了大量消费者。这些都有助于销售实体产品，并形成自己的网络效应。问题是，大多数企业都没有机会这样做。所以重点就变成了：该如何与亚马逊合作？如何投资自己的网站？在这个过程中，有多大的可能会赔钱？会赔多少钱？

零售商和消费品牌在技术创新方面还面临着另一个巨大挑战：位于技术中心区可以给企业带来巨大的优势——而这是大多数零售商不具备的。硅谷宽松、协作的企业文化有别于许多企业鲜明的等级结构，有助于企业相互学习，培育更好、更通用的产品。例如，许多公司的技术发展与波士顿 128 号公路地区如出一辙，128 号公路周围的公司采用封闭式的生产方式，与硅谷的开放相反，它缺乏企业的创意共享，因此很快便失败了。

区域发展专家安纳李·萨克森尼安的一项研究显示：

> 硅谷密集的社交网络和开放的劳动力市场鼓励创业和实践。企业在激烈竞争的同时，通过非正式的沟通和协作，互相学习不断变化的市场和技术知识……相比之下，128 号公路地区主要是自给自足的公司，它们采用封闭式的生产方式，公司员工与客户、供应商和竞争对手的关系受到保密协议和企业忠诚的约束，强化了鼓励稳定和自力更生的地区文化。

有些成功的科技公司的建筑设计也体现了促进合作的想法。比如，苹果的新总部大楼像一个玻璃做的甜甜圈，昵称为"宇宙飞船"，旨在鼓励不同部门之间的交流和对话。

由于大多数零售商没有位于硅谷、西雅图或类似培育环境的优势，它们无法使用并跟上最新的技术创新，因此只能寄希望于买下这些服务。不是说零售商或品牌自己没有办法开发出有竞争力的技术，而是说它们将技术变成真正竞争优势的能力有限。真正的技术突破最有可能来自初创企业。技术发展的速度意味着零售业非常需要合作伙伴，而且需要对技术的经济回报进行评估。

消费行为的转变

科技极大地改变了人们对时间的分配方式。最近的研究表明，人们花费了大量的时间上网，而参加其他活动，尤其是逛商场的时间明显减少了。皮尤研究中心最近的一项研究发现，五分之一的美国人经常上网。[6] 与此同时，从 2015 年 6 月到 2016 年 6 月，每月去购物中心的人数同比下降了约 4.5%。[7] 自 2012 年的短暂波动后，这一数字一直没有增长。人们手边就有许多可以带来新鲜感、个性化和娱乐的科技，去传统的商场完全是一件乏味无聊的事情。改造购物中心和商场是零售业下一个巨大的挑战。

关于技术的最后观察

我们所知道的互联网已经崩溃了。最近的数据泄露事件非常多——网飞、雅虎、易贝、领英、多宝箱等——很明显，互联网安全漏洞百出。利用人工智能和现在连接到它的大量设备对网络进行更大规模的攻击只是时间问题。每个零售商都面临风险，而且风险只会越来越大。与在线交易相关的真正风险和成本并没有反映在它们的经营经济中。有组织犯罪进一步破坏网络的能力将显著升级，以至于互联网可能需要完全重新设计，否则交易会被转移到充满非法交易的暗网中，后者提供了一个更安全、更有选择性的平台。人们要对这种情况做好准备，因为它未来很可能会改变零售世界。

　　谈到暗网，值得一提的是，科技也扰乱了非法零售业。传统的毒品交易将会消失，一些以当地市场为基础、充满暴力和恐吓的业务正在转移到网络，人们在线沟通价格、售后服务和产品质量（今天的评论和之后的区块链系统都证实了这一点），并直接把非法货物送至邮局信箱。由于缺乏记录，执法部门无法对数百万笔交易进行监控，加之生产基地的分散，暗网交易可以逍遥法外。如今当地的毒枭很快也会像其他零售商一样，感叹网络的不公平竞争（这里指暗网）。

　　接下来我们谈谈这个新世界的含义。

第六章
自由波动市场

随着供需失衡使得产品价格趋近于零，零售业和所有销售企业的核心竞争点发生了根本变化。突然之间，有两件事能推动零售业的成功：分销和与消费者建立深层次的品牌联系。当这种情况发生时，零售商和品牌的进入价格将远远超过产品，在正确的地方以正确的价格销售。现在，无论消费者在哪里，以最方便的方式在正确的时间提供产品，并提供正确的体验，将是零售商和品牌新的切入点。大多数现有的零售结构、行为和资产都与新的需求不兼容。零售业正进入一个漫长的重组阶段和资产再配置时期，这是一个痛苦的过程，大量的零售商和品牌会消失。如图6-1所示。

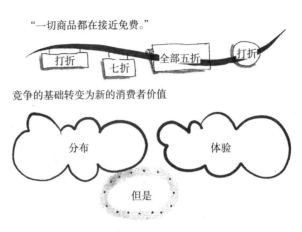

"一切商品都在接近免费。"

竞争的基础转变为新的消费者价值

分布

体验

但是

图6-1　一切商品都在接近免费意味着什么

　　对于新世界，另一个虽然有些晦涩，但同样重要的含义就是大众市场的消亡。大众市场被急剧粉碎为成千上万的微型小众市场，再加上新兴技术的分散化力量，所有零售企业都将面临更剧烈的市场波动。

　　到目前为止，我们所讨论的技术都有这样的效果：让消费者在商业中有更大的控制权，并将相隔遥远的人们紧密联系起来。因此，技术将造成经济、社会和政治等多个领域的波动。此外，由于技术变革的步伐过快，即使是网络效应的最大受益者也很难预测这种波动将导致何种结果，不确定性越来越大。

　　历史上，战争和贸易禁运等宏观经济冲击造成的波动最大，而如今，数百万人的决策产生的巨大集体效应，是造成社会波动的主要原因。这种个人决策导致很难预测未来的趋势。

　　一些关键的经济指标显示，这一现象已经开始了。与1965

年至 1980 年相比，过去大约 15 年间，公司利润的波动水平增加了 60%。[1] 随着科技的普及，时尚周期和流行趋势将会缩短，且产生爆炸性的影响，科技会传播时尚和流行事物，也会扼杀它们。人们的职业生涯将比以往任何时候都更加丰富和曲折。随着旅行成本的下降和科技的发展，更多的人将离开自己的家人，在全国、全世界各地迁移。24 小时的新闻周期和社交媒体将造成一种不稳定的、短暂的社会关注，使每一个以前不被注意的事件浮出水面，但人们的注意力很快又会被其他事情吸引。

在研究世界各地的零售结构时，我们发现，在那些高度动荡且难以预测的地区，如非洲或印度尼西亚的大部分地区，有许多小型独立商店，几乎没有大型连锁店，也没有达到规模经济。这意味着，重大转变的风险分散给了数千家小型企业。这些小型企业的库存较少，可以迅速更换产品，而且开销较小，因此更容易适应新环境，在经济低迷时期维持生存。然而，规模较大的零售企业则很难适应变化的环境，可能会导致一段时间的高额损失。

因此，应对波动性大幅增加的最佳系统是，拥有一个由相互连接但又独立的组件组成的分布式网络，这些组件可以快速而轻松地移动，但不一定在一起。亚马逊有能力从一个或几个独立运营的配送中心接收并完成订单，只要没有建立大型僵化的供应链，它就是一个很好的例子。不能弯曲的结构或不能快速有效地通过网络传递主要波动的能量（耗散其能量）的结构，往往会破裂和崩溃。

大型机构、公司和组织的蓬勃发展也离不开政治、社会和经济的稳定和可预测性。在商业投资中，这些条件对规模经济投资的合理性尤为关键。在美国和大多数欧洲发达国家，由于其经济和人口的稳定性以及态度的同质化，大规模和高效率的零售商和包装消费品公司得以快速发展。

巨变把一切都颠倒了。尽管在本书中探讨了巨变的很多意义，但是越来越大的波动性及其对规模经济的负面作用，是当今发生的一切事情的核心。从百货商店到日用商品、媒体和娱乐、金融服务、酒店、交通，所有零售商都面临着波动性带来的生存威胁。只有探索出怎样赢得忠实客户，零售商才能在市场中立足。

第二部分

怎样赢得忠实客户

第七章
马斯洛需求层次理论

　　我们刚刚探讨的变化已经开始影响消费者的价值观和行为了。为了进一步解释，我们需要深入研究心理学领域和新兴的行为经济学。

　　我们从心理学开始，重温一个有助于解释人类动机的古老理论——马斯洛需求层次理论。1943年，亚伯拉罕·马斯洛发表了一篇极具影响力的论文，描绘了人类心理发展和满足感的不同阶段。在1954年出版的经典著作《动机与人格》中，他进一步阐述了自己的观点。

　　马斯洛认为，人们的动力不是来自奖励或无意识的欲望。他把需求按重要性进行分类，用金字塔表示发展的五个阶段，如图

7-1 所示：金字塔的底部代表生理需求，如食物和水，然后是心理需求，最后是自尊和自我实现。马斯洛后来又增加了第六阶段（图中没有显示），他称之为自我超越，包括一个人对他人和世界的影响。

图 7-1　马斯洛需求层次图

我们的第一本书《零售业的新规则》（2010）中提到："许多消费者现在能够达到马斯洛需求层次的顶峰，即自我实现。这些人的物质欲望已经被满足了，他们能够向最大限度地发挥人类潜能迈进，即寻求知识、和平和审美体验等。"我们进一步阐释一下这个观点。

根据马斯洛需求层次理论，我们发现了自 20 世纪末以来消费者心理的关键变化。首先，由于物质财富的丰富，许多美国人都在马斯洛的需求层次中得到了提升。

这种转变的一个直接表现是，人们不再重视花时间去满足更基本的生理或物质需求，这解释了便利对消费者的重要性，即让他们有更多时间帮助他人、发挥创造力和发展人际关系，从而追求自我实现。如今许多人把时间视为最宝贵的商品——而且时间的价值一直在增加。因此价格低廉、性能优越、购买环境良好且能便捷地配送上门的商品成为许多美国人的购物首选。这些因素决定了小型本地商店的选址，它们设计精良、便于进出。

乔氏超市有效地利用了人们的这一需求，在社区附近开设了商店，提供优良的产品和清晰的分类（唯一的不便是商店太受欢迎了，所以要排很长的队）。随着城市人口不断增加，消费者驾车前往购物中心或大型商场的成本和时间不断增加，因此离家近就变得格外重要。

人们对便利的需求也推动了亚马逊和其他在线商店的不断发展。随着在线订购越来越便捷，去实体商店购物（尤其是买基础产品）的人越来越少。即使在线商店的价格高于线下的价格，消费者也不会去实体商店购买，因为实在太不方便了。商店的客流量将持续下降。

就连批发大卖场也未能免受这一趋势的影响。就目前而言，仍有很多人享受去开市客等大型商场淘货的乐趣，但在未来，随着消费者转向最方便的购物方式，它们的顾客也将大大减少。Jet.com 正试图在数字领域创造一个类似于批发大卖场的购物模式。为什么不呢？如果人们很容易地得到自己需要的大部分东西，那就没有必要再费力去商店寻宝了。

基本需求满足后，80% 的消费者越来越多地寻求回报更高、体验更丰富、更有意义的消费。这也影响了消费者在与零售商及其提供的服务互动时的心理预期。

当然，另外 20% 的美国人仍在忙着满足自己的基本需求，并会先买最重要的产品。这群人仍会继续去商店寻找最优惠的商品。在可预见的未来，硬折扣店、清仓甩卖模式和低价自有品牌产品的廉价零售商将赢得这些消费者的青睐。然而，即使对这些消费者来说，好的店内购物体验（以及提升体验的方式）也越来越重要。

那 80% 的富人在日常生活中寻求越来越高的情感满足。零售商意识到了这一点，那些能够满足顾客情感需求的公司往往发展得更好，比如乔氏超市摆放着许多样品和有趣的产品，苹果商店的"天才吧"为人们提供技术帮助。事实上，《哈佛商业评论》最近的一项研究发现，与顾客建立情感联系的品牌比单纯满足顾客功能需求的品牌的净推荐值（向其他人推荐该企业的人所占的百分比减去批评者所占的百分比）更高。[1] 很显然，这会直接影响品牌的收入。

在人们与产品和服务的关系中，这种对更高层次的意义和自我实现的追求推动了体验式消费的激增。自 2001 年以来，在汽车和家具等商品上的可自由支配支出占总支出的比例有所下降，而在旅游、娱乐和外出就餐上的支出同期增长了约 13%。而且这一趋势只可能加剧。在最近的一项调查中，72% 的千禧一代表示，他们更愿意把钱花在体验上，而不是产品上。[2]

对体验的强调更为重要了，因为最近的一项研究表明，不同年龄、不同生活阶段的人会赋予金字塔不同部分不同程度的重要性。[3] 换句话说，金字塔的上升并不是线性的，事实上，在人们生命中的不同时期，顺序可能非常不同。

马斯洛似乎也意识到了这一点，他写道："到目前为止，我们一直认为这种层级是固定的，但实际上它并不那么严格。的确，我们身边的大多数人都符合需求层次，但也不排除有例外。"[4]

然后，马斯洛举例了几种不同情况，在这些情况下，个体做出的权衡与静态金字塔不同。饥饿的艺术家放弃基本需求来满足他的创作欲望，他对自我实现的渴望非常强烈，以至于几乎忘记了对金字塔底部的需求。任何参加过极限运动或将毕生精力投入某项事业的人都会认同这一点。再比如，许多从事手工工作的人的需求层次也与静态金字塔不同，包括理发、屠宰、调酒、蒸馏、咖啡酿造和家具制造等。虽然这些工作的薪水很低，但它们现在获得了声望，并提供了更高端的服务和产品。这类工作吸引了年轻人，是因为它给人的感觉是真实的，他们被解放出来，为了质量而追求质量，为一群同样追求质量和真实的消费者服务。[5]

对马斯洛需求层次结构的动态解读有助于我们理解消费者行为，之所以如此，主要有两个原因。首先，通过对该理论的进一步扩展，可以看出，人们在不同的人生阶段所看重的东西不同，这一点可以帮助我们了解人们如何分配钱和时间。例如，比起食物和住所等基本的需求，年轻人更看重爱和自尊，老年人则更需要安全感。这种动态解读的另一个有趣的方面是，一类物质的重要性往往取决于它是如何获得的以及该物质的可用性水平。比如，当一类需求可以被充分满足时，认为金字塔其他层级更重要的那些人往往会贬低该需求。所以，回到我们的主要观点之一，物质产品的大量增加使人们越来越不看重产品和物质财富。有趣的是，由于现有的物质非常丰富，人们认为这些物品的价值越来越低。在不同世代之间，对物质财富的需求存在着很大差异——在大萧条时期长大的人往往会囤积大量的东西以备不时之需，千禧一代则认为所拥有的东西都没有什么价值。

此外，由于千禧一代的影响力越来越大，越来越多的消费者更看重自尊和爱。皮尤研究中心的一项调查发现，与其他几代人相比，有更多的千禧一代认为自己很自信，且很看重与家人朋友的关系。[6]

既然谈到了千禧一代和人际关系，我们来简要讨论一个经常听到的观点：科技让人们比以前更不重视人际关系和相互联系。毫无疑问，人们在电子设备上花费的时间更多（即使和朋友在一起的时候），但我们的研究表明，人们仍然希望成为交际圈的一分子，对被认可和被重视的渴望并没有消失。尽管友谊的表达方式与过去不同，参与的人数有所增加，但人们对真实、亲密关系的追求并不会减少。事实上，皮尤研究中心的数据显示，手机、互联网和社交媒体的使用使人们有了更大、更多样化的社交网络。[7]

消费者希望把钱花在符合他们价值观的地方。所以，能满足千禧一代对自我超越和自我实现的需求，满足婴儿潮一代对安全感的需求的产品和服务可以快速发展壮大，只能满足几乎没有任何情感或个人依恋的金字塔底端需求的零售商们则业绩不佳。

动态解读很重要的第二个原因是，它有助于解释大衰退对消费者心理的影响。经济衰退和消费者价值观的转变之间存在着某种矛盾。经济衰退之后，消费者会更重视物质消费，因为失业、收入减少、房屋被收回以及加剧的焦虑心理会让人们把注意力集中在金字塔的底部。

基于与消费者和消费者群体的多次讨论，我们得出了一个微妙的结论。大多数人表示，经济衰退让他们想要的东西更少，为了买更多的东西而负债不值得。事实上，人们倾向于把钱花在更有意义的事情上，如与朋友和家人在一起的有趣体验。

数据也证实了这一点。美国劳工统计局研究了不同消费种类的重要性，即消费者主要消费的领域。数据显示，2013 年（经济复苏时期）食品和旅游的支出超过了 2007 年（经济繁荣时期），而汽车、家具和家电的支出并没有增加。[8]

对婴儿潮一代来说，经济衰退加剧了他们对未来安全保障的担忧，但并没有让他们想要更多的物质产品——相反，他们在外出就餐方面的支出增长最大。与 1995 年的同龄人相比，千禧一代背负的大学债务要高出 182%，而且就业前景也不容乐观，他们大多把钱花在了金字塔的顶端——外出就餐、旅游、在农贸市场购物、喝精酿啤酒、吃有机食品，以及购买与其价值观相符的品牌的商品。[9] 而且，由于许多千禧一代推迟结婚和买房，一些人仍与父母住在一起，他们在家庭用品和家具上的支出下降了。许多 Z 世代的人表示："我们不想像父母一样负债累累，他们买的东西太多了。"

大衰退的另一个重大后果是，人们对政治机构、金融机构和金融体系的信任大幅下降，对零售商和消费品公司的信任也大幅下降。人们普遍认为，银行和零售商为刺激消费而提供的宽松信贷产生了不必要的债务，助长了这场危机。因此，35 岁以下背负信用卡债务的美国人比例降至自美联储 1989 年开始追踪这一数据以来的最低水平。年青一代试图避免的不只是债务，还有诱惑。事实上，在 18 岁至 29 岁的千禧一代中，多达 63% 的人表示他们没有信用卡，而在 30 岁以上的人中，这一比例仅为 35%。[10]

几乎没有品牌或零售商被认为是非常值得信赖的，或者是为消费者的最大利益服务的，苹果和耐克是例外，但现在很多品牌被认为几乎与消费者格格不入。例如，最近全国几个城市的汽水税激起了零售商、饮料公司和公众之间的激烈争论，而越来越多的消费者认为食品公司在食品中掺入了有害成分——从添加大量令人上瘾的糖和盐到转基因物质等。事实上，57% 的消费者认为转基因食品不安全。[11]

许多消费者表示，公司总是把利润置于消费者的福祉之上。公司"只是想让人们把更多的钱花在不需要的东西上"，"并不是真的想要帮助消费者"。在收银台前，把糖果摆在与孩子视线等高的地方会促进消费，但也会让许多家长与孩子发生争吵。把主要商品（如牛奶）摆放在商店里难以够到的地方，会破坏消费者的信任。毫无疑问，随着选择的增加以及价格因素，消费者对以这种方式经营的商店几乎没有任何忠诚度。这种观点在千禧一代中尤为普遍，他们带头购买本地产品、避开大型连锁店、支持天然和有机产品以及符合道德规范的企业。对真实性和信任的追求正日益渗透到人们对产品和购物中心的选择上。

因此，在物质充裕的世界里，对马斯洛需求层次的动态解读表明，消费者在购买行为上变得更加挑剔。他们的需求并没有因为经济大萧条而向金字塔的底部移动，相反，他们寻求的是能将金字塔上下层级的需求和价值结合起来的产品、服务和体验。从这一点可以清楚地看出，零售商和品牌必须根据金字塔与消费者建立联系，同时要更重视满足消费者自尊和自我实现的需求。

《哈佛商业评论》最近的一篇文章与马斯洛需求层次结构有很大的相似性。作者确定了30个最基本且各不相同的"价值元素"。这些元素可以分为四类：功能性的、情感的、改变生活的和对社会有影响的。这与马斯洛对需求的分类相吻合。

作者描述道：

> 纵观历史，自我实现对大多数消费者来说是遥不可及的，他们专注于生存（即使他们通过精神或物质的追求获得了满足）。但是，对他们来说，任何可以节省时间、精力和成本的东西都是很有价值的。这些模式表明，通过交付各种各样的价值，有许多成功的方法。在大众市场上，亚马逊满足了人们所有功能上的需求，而且通过便利、速度和价值与消费者在情感上建立了联系。苹果公司在金字塔的11个要素上都表现得很出色，其中有几个要素位于金字塔的顶端，这使得该公司可以收取较高的价格。汤姆布鞋公司在4个要素上很突出，其中之一就是自我超越，因为顾客每买一双鞋，公司就会送一双鞋给有需要的人。[12]

越来越多的行为经济学的研究进一步阐明，人们从反映自己高层次目标和动机的活动、关系或购买行为中获得价值。研究解释了"防御模式"和"发现模式"的区别。人们总是在这两种状态之间来回转换，防御模式常常令人感到沮丧，甚至适得其反，而发现模式却让人们获得归属感、认同感、自主性、使命感，或者感受到自己正在学习或体验新事物。事实上，根据这项研究，人们对社会归属感的需求可以追溯到草原部落的时代——成为团队的一员，对生存来说，就像食物和水一样重要，实际上，这也是当时人们获取其他生活必需品的方式。即使是现在，我们的大脑仍然会对社会接收的信号做出反应，就像它会对更基本的奖励做出反应一样，比如吃了一顿美餐或夏天喝了一杯冷饮。[13]

许多研究发现，无论是在功能方面还是情感方面，消费者买的最多的是那些可以体现成就的产品，包括获得声望，或者实现个人目标（如通过购买混合动力汽车来保护环境）。[14] 如图7-2 所示。

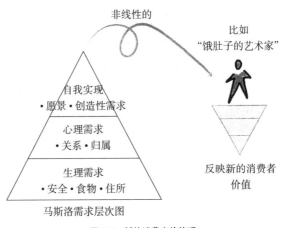

图7-2 新的消费者价值观

我们想分享的另一个想法是，在考虑消费者的同时，也要以同样的方式考虑零售企业和消费企业的员工。鉴于零售业内部的员工流动性如此之大，企业应该越来越同等地对待消费者和雇员。2016年，政治上的民粹主义已经渗透到了消费者的语言中——我们常听人说，"我只想在员工对我好、知道他们在做什么、看起来开心的地方购物"。显然，专注于使店内任务标准化、管理生产力、只给销售人员发放奖金，以及集中决策，大大减少了人情味和店内员工在创造良好体验方面的积极性。

事实上，在劳动力上花更多的钱是值得的，不仅提供了更好的客户体验，也提升了员工体验。一项研究发现，商店劳动力水平每增加一个标准差，利润率就会增加10%。对另一家零售店的研究发现，在劳动力上每多花一美元，销售额就会增加4~28美元。增长的原因不仅在于优秀的员工有助于及时补货、增加销量，还在于他们通过积极的互动改善了客户体验。研究指出，像开市客、乔氏超市和QuikTrip这样的零售商，不仅在商品价格上进行竞争，同时也为员工提供了更高的工资、内部晋升和有效培训。顾客在QuikTrip购物的速度很快，这要归功于商品摆放在正确的位置，以及接受过训练的员工可以很快为顾客提供帮助。同时，《消费者报告》将乔氏超市评为仅次于韦格曼斯的美国第二大超市，这两家超市都拥有一流的员工，他们可以为客户推荐产品和食谱，并真正吸引客户。[15] 推动零售商长期成功的变量非常多，单凭优秀的店内员工显然是远远不够的，但它正在成为成功路上越来越重要的一环。

回到我们的主要论点，供需失衡是导致这些心理变化的主要原因。顾客的价值观和行为有了根本性的变化，但大多数零售商并没有仔细思考如何满足消费者的需求。它们在技术方面花了很多时间来实现在线销售（却没有真正考虑消费者的价值观），但很少有零售商改变自己的商业模式，以满足植根于价值观的新需求。

下一章将介绍一种新兴的超越性价值，我们认为所有企业都应该将其置于战略的核心，这就是"理性利他主义"。

第八章
新的顾客价值——理性利他主义

马斯洛需求层次理论认为，人们寻求情感体验来帮助他们实现个人价值并加强人际关系，但这对他们作为消费者的需求意味着什么呢？我们知道，人们对物质购买的满意度和幸福感正在下降，并将继续下降。那么他们将转而消费什么呢？新的顾客价值是什么？

为了解消费者不断变化的欲望，我们最近做了实地调查。我们先去了一栋位于丹佛郊区的房子，房屋的主人是一位寻找便宜商品的低收入者（因商品的价值而购物）。她的丈夫从海外服役归来后一直没有找到工作，因此她是家里的经济支柱。

在我们的谈话中，她说："我会从了解我的生活方式的零售商那里买东西。"我们进一步询问了她的意思，她解释道："我要使用优惠券，寻找打折商品，整个过程很短，因为我必须马上赶回去工作。我希望零售商能尊重我，并为我提供便利，过去的购物体验比现在要好。"如果她的预算不那么紧张的话，她会是在线订购和送货的大客户。

我们在调查中听到了不少这样的抱怨，很多顾客觉得自己没有被理解，而且购物越来越偏向于功能性，没有乐趣可言。20世纪80年代末，当超级大卖场刚刚出现时，顾客充满敬畏和期待地来到商城，在琳琅满目的商品中找到超低价格的产品让他们兴奋不已。新奇的商店和令人难以置信的低价满足了顾客对物质生活的渴望。店员们也都充满活力地向顾客介绍商店里的新产品。

大型杂货连锁店的情况也是如此，它们快速扩张，人们能想到的所有产品几乎都能在店内找到（尽管商店里的温度往往很低，且产品货架高得吓人，很难看到周围的东西）。商场的扩张也给人们带来了乐趣，它们设立于每一个小镇、郊区和城市，人们可以在明亮舒适的商场里采购之前无法买到的产品，更不用说满足人们口腹之欲的美食广场了。

然而，现在情况不同了。连锁店和购物中心的快速扩张造成了整个零售格局的一致性，耗尽了消费者的精力，未能提供一个有意义和有趣的逃离日常生活的方式。零售商擅长在全国范围内推广产品，但并不擅长推陈出新。

在各个地方，我们经常听到以下这些话。

"这家店和五年前一样，但不那么有趣了。"

"如果他们降价的话，我可能会去那里看一看物品的实际价值。但他们在玩价格游戏，我懒得去了。"另一个人这样告诉我们。

让顾客失望的原因方方面面，有人觉得包装太差，有人不满意自动呼叫中心的互动方式，有人嫌餐厅服务不周到，还有人讨厌一心想提高销售业绩，而不为顾客提供帮助，也不好好说话的营业员。

在这些外观相似的商场里，顾客不断获得同样消极的购物体验。营业员只是机械地完成任务，比如快速清空库存和调整价格，并没有积极地为消费者创造与众不同的购物环境。

我们的调查得到了其他研究美国消费者的人的支持。正如消费者品牌专家马丁·林德斯特伦所说："美国人需要从千篇一律的生活中解脱出来。每一种文化都弥漫着单调沉闷的气息，但美国购物环境的千篇一律让人没有丝毫期待。"用巴西小说家保罗·柯艾略的话来说："如果你认为探险有危险，不妨试试循规蹈矩，那将是致命的。"在这种情况下，美国人对智能手机的痴迷情有可原：手机给我们无聊的生活增添了刺激。

如果要用一位消费者的评论来做总结，那就是："这就像乘坐西南航空公司以外的航班。其他航空公司不仅收费高，有许多隐藏费用，对我的态度还比对别人差。而西南航空公司了解我的需求，他们的员工诚实、率真，也很幽默。"即便可能并不是每个人都喜欢西南航空公司，但显然它得到了许多客户的青睐。我们采访完这位消费者不久，就发生了某航空公司乘客因不让座而被一拳打在脸上的事件。

在企业方面，我们也听到了同样的意见。备受争议的德国电信首席执行官在谈及无线产业时，很好地阐述了这个问题："客户讨厌被合同限制。他们不愿意为自己不理解或无法完全控制的事情支付额外的费用。"每月的费用掩盖了手机的真实价格，广告在覆盖范围方面非常不诚实。他表示："很明显，成功的最佳途径就是反其道而行之。"他还说了一点，很多人对此有同感："公众对待领导讲话的态度发生了变化，人们希望听到真实情况，而不是充满法律术语的陈词滥调。"品牌和零售商的看法也是如此。

消费者也是这样告诉我们的。采访的主题从服务和业务参与实践扩展到了有机食品、碳足迹、水电的使用、可持续性、营养均衡性、道德实践、畜牧业和工业化养殖等。在价值观方面，我们注意到，越来越多的人认为这些问题很重要，他们讨论的话题范围也越来越广。这意味着我们的世界已经达到了转变的临界点——从一个价值由价格除以收益乘以广告收入决定的世界，到一个价值由价格除以收益加上价值乘以口碑（包括社交媒体和同行评论）决定的世界。

这些最终导致消费者希望零售商和消费企业做三件事。第一，了解消费者的生活环境，告诉他们真相，让他们感觉到被重视。第二，创造一种有趣、富有想象力和吸引力的购物环境与服务模式。第三，与消费者的价值观相符。

为消费者着想

消费者表示希望与之打交道的公司能够理解自己，他们在表达一些东西，而这些东西似乎没有反映在典型的消费者策略中。绝大多数这样的策略都有两个方向。首先是大规模的定量研究，根据受试者对一系列心理问题的回答，将市场划分为一系列规模合理（通常是相同规模）的群体。这些问题包括：你总是穿最新款式的衣服吗？质量对你来说有多重要？这样的研究可以产生深刻的见解，但也有明显的局限性。例如，该研究通常将市场分为 5 个小市场。然而，正如我们指出的，市场正在日益碎片化，远不止 5 个小市场。此外，大多数调查的问题都比较少，不足以反映受访者在思想和行为上的诸多差异，无法对消费者进行准确分类。

最后，很少有问题真正探究人们根深蒂固的价值观和需求，或不断变化的生活环境。这些结论是定量分析师基于错误的数值精度水平得出的，这是一件很危险的事情，结论的影响力和通用性往往被高估了。

其他常见的方法侧重于了解消费者如何对产品、服务或购物行程进行评估、排序或选择，询问不选择其他的原因，就好像消费者不在场一样。大多数消费者研究通常是针对单个产品或购物场合，并没有代表消费者生活的全部。典型的调查会询问人们购买某一品牌的频率，以及对该品牌的看法，但除了收入和年龄等空洞的数字，几乎没有询问他们如何使用该品牌或其他有关他们生活的任何事情。甚至大多数到人们家里进行研究的访问（该方法通常叫作"民族志"），也没有探求家庭的总需求、家庭压力、长期目标和愿望、恐惧以及最近的生活变化。相反，他们专注于特定产品或购物场合的特定方面。这样的做法无法了解人们真正的需求。对这些高层次需求的充分理解，是零售商在未来十年乃至更长时间面临的最大的机遇和挑战。

传统市场研究的一些不足之处显而易见。2016 年有关美国总统大选的调查是民意调查中最大的失败之一——一系列调查的结果未能发现人们的生活已经发生了变化，旧的行为已不再适用。希拉里·克林顿决定不访问中西部的一些州，可能就是基于这些数据。然而，如果访问了这些州，人们可能就会发现调查结果并不可信。

此外，还有很多与零售和消费领域相关的例子。比如媒体公司优势麦肯在 2007 年对一万名来自各国的消费者进行调查，得出了一个压倒性的结论，富裕国家的消费者不想得到一款集手机、音乐播放器和照相机于一体的电子产品。那时苹果公司已经宣布了要推出 iPhone，但还未正式发布。仅仅一年之后，事实证明这些研究结果非常荒谬。随着消费者越来越多地受到社交媒体等新信息的影响，传统的市场研究变得更加不可靠，大多数市场研究衡量的是消费者过去的经验和知识，而不是他们现在的反应。

消费者普遍认为，企业不了解他们，有很多原因，不仅是因为消费者的购买优先级发生了改变。消费者之所以会有这样的印象，是因为企业一直在应对其他的压力，这些压力往往是更直接的，由财务目标驱动。然而，在一个高度分散、技术驱动且供应过剩的市场中，这种永续增长的战略是行不通的。

同样地，零售业开始重新重视大数据，但忽略了消费者的生活方式、经济状况和背景，相反，它们研究人们的购买行为，试图弄清什么样的建议、促销手段或产品适合不同的消费群体。许多声称以顾客为中心的公司，以定制个性化服务为幌子，使用数据和算法提高顾客数量和转化率。当你看到一封电子邮件，里面是你购买过的产品的特价信息时，就是零售商在使用大数据吸引你购买商品。新成立的分析小组进行的分析与产品和消费者毫无关系，只研究测试结果（他们能卖得更多吗？利润会更大吗？）、价格弹性或对新产品的反馈率。讨论的焦点往往是利用消费者的"非理性反应"来推动购买。其问题是缺乏对消费者生活状况的了解。

许多零售商希望机器学习和人工智能等技术突破，能帮助自己预测消费者会在实体店购买什么产品，并调整针对消费者的策略。然而，每个人都遇到过 Meta 上反复出现的讨厌的广告，我们已经学会了怎样无视它们。大多数零售商手里没有 Meta 那种级别的数据，对数据的挖掘水平也远不及它。我们的研究表明，人们最终会被那些提供人性化服务的地方吸引，并上网寻求快速、客观的服务。销售人员对顾客缺乏理解，双方没有建立情感联系，这解释了为什么大量消费者觉得网上购物既容易又有吸引力。

消费者对情感联系和理解的渴望决定了他们在哪里购物。对9个不同类别的消费者的研究表明，有情感联系的消费者比那些"非常满意"但没有完全投入情感的消费者多消费52%。这一趋势会加速发展。[1]事实上，要想在20年后成为零售和消费品领域的赢家，公司所要发展的最重要的能力是，了解消费者，并与他们的生活建立联系。

一旦做到了这一点，就可以推动产品的开发、定价和销售。价值驱动的零售业将彻底颠覆传统的商业模式，实现零售业的重置。实现这一目标并不容易，因为它与华尔街所追求的快速赢利背道而驰。

我们一直在寻找一种方式来更好地解释这一新兴的消费需求。为此，我们研究了积极心理学运动，这是马斯洛哲学的自然延伸。

通过研究，我们提出了一个概念——"理性利他主义"。它是理性的，因为它符合零售业的基本经济学原理，即确保所有的决策都符合明确的利润动机。但它也是利他主义的，因为它的动机并不是追求利润，也不是别有用心，而是从消费者的（短期和长期）利益出发做决策。换句话说，正如实证主义创始人奥古斯特·孔德所描述的那样，"消除私欲"能使人"一生致力于他人的幸福"。然而，我们并不是说公司应该向慈善机构捐款（尽管有公司这么做了，如汤姆布鞋公司向发展中国家捐鞋），不卖含糖量高的食物（人们喜欢它们），放弃正常的收益，但追求利润的同时，一定要把消费者作为重心。将这一概念付诸实践意味着要清晰地标示食品的卡路里和配料表，明确采购实践和道德规范（针对来自发展中国家的服装），清楚地表明商品是在何处制造的，便于消费者自己选择。再次以德国电信公司为例，该公司看到了消费者喜欢什么，不喜欢什么，以及当前的商业模式是为无线运营商者设计的，而不是消费者。因此，德国电信公司改变了原来的销售策略，向消费者提供他们真正想要的商品。

同理心及其对商业的影响

消费者告诉我们，他们需要被理解，于是我们开始思考同理心的重要性。《人类的利他主义》一书的作者——丹尼尔·巴特森提出了同理心的 8 种定义，最后一种是对别人经历的痛苦感同身受，也称为移情关怀。

他解释说，移情关怀意味着一个人能注意到另一个人需要帮助，且重视别人的幸福。[2] 移情关怀不仅仅是意识到别人的内心状态，或者将自己置于他人的处境中，这样简单的同理心往往被批评为没有帮助别人。移情关怀要了解人们真正的需求，然后采取行动为他们提供有同理心的帮助。

拥有移情关怀有很多好处。越接近一个人的情绪状态，就能越好地预测他的行为。同理心还有助于公司收集数据和想法。例如，有同理心的员工可以帮助公司了解消费者的生活和环境，从而避免在产品开发过程中浪费时间和金钱，避免失败的营销策略或考虑不周的定价。最后，同理心让我们更有效地沟通。毕竟，当你知道某件事的感觉并能直接体验它的时候，就可以很容易地向别人分享。

巴特森认为，移情关怀使人产生了一种行动起来、帮助他人的利他动机。换言之，这样做的目的不是追求自己的幸福，而是把所有的注意力都放在别人身上。对零售商和公司来说，这一点似乎很难做到，但随着消费者不断追求更高的自我，我们相信这最终将决定谁更能赢得消费者的青睐。

不仅我们这样认为。分析顾问约翰·金是2016年预测比赛的世界冠军，他预测了英国脱欧和特朗普当选总统，他说他的成功建立在新的信息来源的基础上，这些信息来源使他对一个问题的双方都产生了深刻的同理心。

即使这个经济目标包括试图研究产品或购物的好处，以帮助消费者，但这种方法与纯粹为了销售更多产品或赚取更多利润的做法有很大不同，毕竟几乎没有公司会把"理性利他主义"作为自己的目标。我们认为，那些采纳这一理念的公司会获得令人难以置信的竞争优势，因为很少有公司真正考虑如何以这种方式行事，而消费者会奖励那些无意识中这样做的公司。对上市公司来说，华尔街的压力可能让它们无法公开采用这种方式，但至少可以在私下将它定为战略的一部分。在消费者眼中，你们公司的目标是什么？你的公司为什么重要？为什么你能在大萧条中幸存下来？这些都是应该考虑的问题。

就目前而言，消费者研究还没有将消费者的生活纳入考虑范围。最常见的衡量标准，如净推荐值或回购可能性，都是为了弄清楚消费者是否理解品牌，而不是相反。每一家公司都应该问客户以下问题：

- 你相信我们（零售商或品牌）真的有兴趣改善你的生活吗？
- 你认为我们了解你的生活吗？
- 你相信我们以你的利益为核心吗？

巴塔哥尼亚是最早采用这种方法的公司之一。它在 2011 年的宣传活动中建议，除非消费者真的、真的需要它们，否则他们不应该购买它的产品。你能想象广告公司的创意人员第一次提出这个建议时的情景吗？

如图 8-1 所示，巴塔哥尼亚开始走一条新的道路，更加注重产品是否能对人们的生活和环境做出实质性贡献。广告详细描述了巴塔哥尼亚夹克对环境的影响，并告知消费者：

> 我们生产的每样东西的环境成本都是惊人的。以 R2 夹克为例，生产一件这样的商品需要 135 升水，这足以满足 45 个人一天的饮水需求（每天 3 杯）。它最初是 60% 的再生聚酯纤维原料，后来被运到里诺仓库进行加工，在这个过程中产生了近 20 磅二氧化碳，是成品重量的 24 倍。不要买你不需要的东西，买之前要三思。

不要买这件夹克

本季分享一些价值观……
化纤再生项目
减少消费
接受宣言

图 8-1　巴塔哥尼亚 2011 年发布的"不要买这件夹克"广告

图片来源：Tim Nudd, "Ad of the Day: Patagonia," Adweek, November 28, 2011, http://www.adweek.com/news/advertising-branding/ad-day-patagonia-136745.

2016 年，巴塔哥尼亚把自己（网店和实体商店）在黑色星期五的全部销售所得捐给了环保组织。[3] 它还将其"不买新产品"的理念扩展到了公路上，派出一辆回收的木质露营车进行为期六周的全国游行，使用生物柴油作为动力，对巴塔哥尼亚的产品进行维修，并销售二手产品。

显然，单纯的增长不是巴塔哥尼亚的目标。事实上，2013 年，该公司在其网站上表示"增长是一条死胡同"。巴塔哥尼亚担心，即使是它的绿色环保倡议也不足以抵消人们对其产品日益增长的需求。对过度增长的恐惧可以追溯到公司的早期。联合创始人伊冯·乔伊纳德回忆到，20 世纪 80 年代末，该公司增长过快；当 1991 年经济衰退来袭时，巴塔哥尼亚发现自己扩张过度，濒临破产。于是公司不得不裁员 20%。"这很难，"乔伊纳德在接受《纽约客》的采访时说，"我意识到我们只是为了扩张而扩张，这是行不通的。"[4]

不是只有巴塔哥尼亚这样做。咨询公司 The Empathy Business 发布了一项年度全球同理心指数，排在前十名的是特斯拉、宝洁、苹果、华特迪士尼和奥迪等公司。[5] 有趣的是，从该指数还可以看出不一味追求公司增长的好处：排名前十的公司价值增长是排名后十的公司的两倍多，利润增长了 50%。

如图 8-2 所示，我们建议公司把"理性利他主义"作为其战略的核心部分。虽然这个理论的主要焦点是消费者，但这种方法也适用于所有员工。正如上述例子所显示的那样，这是值得的。到 2026 年，它将成为公司赢利的关键。

图 8-2 旧世界与新世界

我们的假设是，在价值观与期望、认为什么是正确的事情上，消费者正在发生根本性的转变。其他人也在思考这个问题。哲学家彼得·辛格写的一篇文章引起了广泛争论，这篇文章探讨了追求大量消费与用这笔钱帮助全球数百万面临生命威胁的人的伦理问题。他探索的有效利他主义的理念与我们的思考很相似，尽管他更关注全球问题，而不是商业的新需求。他在《你能拯救的生命》一书中指出，人们没有把自己的资源（支出）放在帮助世界解决危机上面，这在道德上是错误的。

即使只有一小部分人接受他的观点，也会对商业产生巨大影响。人们会减少物质支出，并且只在具有这样价值观的品牌或零售商那里消费。他的建议对今天的大多数企业来说可能有些牵强，但当他 1975 年（在《动物解放》一书中）第一次写关于动物权利的文章时，人们也说过同样的话。然而现在，他的思想已经成为主流，并被认为是动物解放运动中不可或缺的一部分。如今，没有任何一个喜爱宠物的消费者或企业不受这种思想的影响。

第九章
商店的未来

虽然我们关注的是消费者的需求，但我们需要提出一个反复从消费者那里听到的话题：人们都希望拥有有意义且有吸引力的购物环境和服务，从实际的角度出发，这意味着什么呢？

商店之所以叫商店，是因为它们储存商品。没错，它们最初是用来储存商品的。后来，商店的用途逐渐变多了。商店可以是有教育意义的、鼓舞人心的、方便的或有趣的地方。正如马丁·林德斯特伦所说，时装店应该体现人们的愿景和社会的变化，杂货店应该设计得既方便又美观，以帮助人们轻松快乐地购物。

当然，一套规则或理念不可能适用于所有类型的商店（从 Goodwill 到蒂芙尼到耐克），但基于新兴市场需求得出的一些理念对商店的未来有指导意义。

我们认为，关键在于商店或地处某一社区，或成为能带来丰富体验的娱乐中心。如果仍像如今的大多数零售商一样处于中间地带，顾客会逐渐流失。

消费者总是在寻找高度吸引人的娱乐场所，那里充满新的产品和有趣的餐厅。不断变化的独特体验吸引消费者前往购物商场。我们已经在正在开发的漂亮的新商场中看到了这种趋势，但消费者访问这些中心的次数是有限的，这使得这些中心的地点相对有限。未来的购物中心可能会像《杰森一家》或《星球大战》等电影中出现过的场景一样。

按照以价值观为导向的零售方式，我们看到人们生活中的差距在扩大。这种差距存在于社区中。从教堂到社交俱乐部，传统社区服务提供者的数量多年来一直在减少，罗伯特·帕特南于 1995 年在他的随笔和后来的《独自打保龄球》一书中首次记录了这一现象。帕特南详细记录了志愿服务的下降情况，每周去教堂的人数下降了 15%，工会会员减少了一半以上，许多其他数据也显示缺乏社区和社会互动。[1] 另一项调查显示，2016 年，14.5% 的美国成年人独居，这是历史最高水平，几乎是 1967 年（7.6%）的两倍（1967 年是美国人口普查局开始收集数据的第一年）。[2]

随着网络游戏的出现，体育迷对球队的喜爱程度大不如前了。也许这就是 2016 年全美橄榄球联赛收视率大幅下降的原因之一——《周一橄榄球之夜》的观众人数下降了 24%，《周日橄

榄球之夜》观众人数下降了 19%,《周四橄榄球之夜》的观众
人数同比下降了 18%。[3] 超级碗是为数不多的仍有大量美国观
众观看的电视赛事之一。美国人很少在其他媒体节目上达成共
识,因为电视节目以及观看它们的方式正在激增。例如,当《宋
飞正传》于 1994 年夏季首播时,在该播出时间段内它的收视率
排名第十四;然而当它在 2016 年播出时,收获的观众数量与
2016 年最受欢迎的节目相同,而那个节目碰巧是《周日橄榄球
之夜》。[4]

　　如图 9-1 所示,零售商面临两种选择。零售业和商业向来
与联系和社区有关,现在它们可以进一步加强这种联系。但很少
有商店能有效地做到这一点。让顾客与其他人交谈,与员工愉快
地相处,了解新产品,去商店时能被认出来,觉得自己在做好事
(购买本地或有机产品),这些都是零售业的核心,也是人们喜爱
农贸市场和艺术品集市的原因。

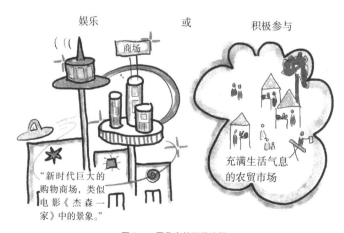

图 9-1　零售商的两种选择

商店不仅应该充当社区，还应该给消费者带来社区的归属感。问题是，为了追求高效率，如今的大众市场倾向于标准化，裁撤了员工，并试图实现自动化。自助结账机上装有摄像头，每一个用过这些自助机的人，都切身感受到了联系、温暖和社区正在消逝。但是消费者渴望成为社区的一部分——正如我们在第七章所讨论的，归属感的需求占据了马斯洛需求层次的中心位置——零售业应该为人们提供归属感。

关于社区的一个最广为接受的定义是由社会心理学家大卫·麦克米兰和大卫·查维斯提出的，他们用一句话来描述这个词："社区意识是一种成员有归属感的感觉，一种成员对彼此和群体很重要的感觉，以及一种成员的需求会通过他们在一起的承诺得到满足的共同信念。"[5]

在物质极度丰富的世界，商店能够提供社区感，并且从中受益。它与移情关怀或利他主义的概念直接相关，因为它们都致力于让消费者的生活更美好。

在同一篇文章里，麦克米兰和查维斯详细介绍了社区的四个要素。

- 成员资格："归属感或分享个人关系的感觉，成员资格有明确的界限"，这有助于确定社区应该代表什么，包括哪些成员，这有助于使成员感到特别，并产生信任。
- 影响力：一种重要的感觉。这是双向的力量——成员应该对社区有影响力，反之亦然。

- 成就感：成员通过加入社区获得他们需要的东西。
- 情感联系：在这里讲故事是至关重要的——社区必须有一个故事，成员必须接受它。

我们之后探讨获胜模型时，会再来讨论这些要素。未来的商店将把这些元素有机地结合在一起，但它们并不是孤立存在的，正确的选择必须来自创建哪种类型的社区的核心理念。渐渐地，社区的代表将是商店经理和员工，如果他们无法创建一个特点鲜明的社区，消费者将永远感觉不到它的存在。农贸市场和普通超市中的社区感差别巨大，但不应该是这样的。未来不可能是这样的。许多零售商告诉我们，有很多产品是无法创造出新鲜感和兴奋感的。在销售洗涤剂、纸巾等产品时，互联网会胜出，因为人们通常会使用"订阅以节省更多钱"这个功能。（当然，你也可以去商店买这些产品，但我们觉得，即使去的是一家"有趣"的商店，也不值得为了买这些东西专程跑一趟）。互联网销售许多基础款的衣服也有很大优势。许多复杂的分析试图预测商店卖的哪些产品将被网上销售取代，但大多数分析都是错的。答案很简单：所有标准化的重复购买和无趣的购物之旅，都会输给互联网和送货上门服务。尽早意识到这一点是零售商生存的关键。

新的触觉体验，例如试穿定制的服装，烘焙产品的香味，销售员的有趣话语，闲逛，与朋友聚会的新奇场所，这些都是消费者所渴望的。而且随着产品数量的激增和价格的下降，这些将变得越来越重要。尽管科技对于创造社区感、实现这些愿景至关重要，但它无法取代人与人之间的联系和基于价值观的零售方式的需求。

下一章将进一步阐述我们的理论——消费者越来越受价值驱动，我们会主要探讨正在进入市场的下一代，即科技原住民 Z世代。

第十章
Z 世代和未来

  如果我们的观点是正确的，即零售业的成功将越来越多地与由价值观驱动的组织联系在一起，这些组织的核心是利他主义，专注于创造让顾客满意的体验，那么这对当前零售商会产生巨大的影响。为了进一步探索这个想法，我们决定对最新的一代人——Z 世代展开调查，看一看这个想法是否反映在他们的观点和愿望中。我们研究了是什么影响了 Z 世代，是什么塑造了 Z 世代的价值观，以及 Z 世代对世界产生了怎样的影响。

  那些反对以年轻人作为主要研究对象的普遍观点是，年轻人经常改变自己的立场，他们的观点很难解读。毕竟，随着年龄的增长，人们的政治观点似乎确实发生了很大变化，失去了年轻时的乌托邦主义和乐观主义。用温斯顿·丘吉尔的话来说："如果在 20 岁的时候不是自由党，你就没有心。如果在 40 岁的时候不是保守派，你就没有头脑。"

然而，我们认为青年人的经历和态度对个人和整个社会都有长期且持久的影响。有很多证据表明，年少时形成的印象、观点和品位很难被改变。例如，研究人员试图探究人们政治偏好形成的时间，他们发现，18 岁时发生的事件可以显著影响人们的政治态度，其影响力大概是 40 岁时候的 3 倍左右（参见图 10-1）。人们年轻时重要的经历、态度和价值观对他们的生活有巨大且持久的影响。[1]

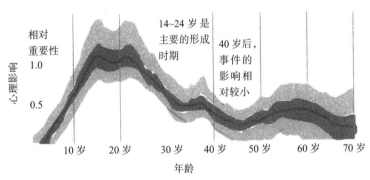

图 10-1　各年龄段政治观点受事件影响的程度

生命早期事件是政治信仰发生变化的重要因素

这个观点也适用于给人们留下深刻印象的音乐。几乎对任何年龄的人来说，经久不衰的歌曲都是在他们青少年时期流行的那些。时尚、品牌、最喜欢的食物，甚至理想和抱负也是在年轻时形成的。这也是新推出的糖果很难取代最受欢迎的糖果品牌（如玛氏巧克力棒）的原因之一。玛氏糖果是20世纪上半叶创立的老牌糖果品牌，当时其他经典品牌才刚刚走向全国。美国人的口味在他们生活的早期就形成了，他们把这些偏好传给了孩子。

为了证明这一观点，我们快速回顾一下20世纪60年代的嬉皮运动。有些读者可能还记得，那个时代被婴儿潮一代的理想主义和革命价值观主导，他们是一个庞大的青年群体。当时，旧金山是新兴的音乐、时尚、生活方式和哲学的中心。在冷战后的黑暗岁月和被征召参加越南战争的恐惧中，出现了一系列的价值观和创新力量。

嬉皮士思想在我们的文化中留下了深刻的印记。大麻合法化需要时间（目前仍在讨论中），但它是嬉皮士文化的信条，就像瑜伽、有机食品、种族平等和太极一样。即使婴儿潮一代找到了工作，安定下来，许多人仍然保持着嬉皮士的心态。他们不断寻找代表自己理想主义的品牌和公司，甚至在贫穷的时候也购买这些产品。也许正是由于苹果公司与20世纪60年代的人们价值观和抱负相符，它才能熬过艰难的时刻。这也解释了为什么苹果公司如此受欢迎，除了自身的规模和实力，还因为它的价值观根植于20世纪60年代婴儿潮一代的成熟和反叛。苹果只是硅谷文化的其中一个象征，崇尚反常的硅谷文化根源于"嬉皮之夏"。[2]

上了年纪的婴儿潮一代中依然存在反体制和反企业思想，马汀博士和匡威等复兴品牌正是抓住了这一思想。虽然这些想法在社会上广泛传播还需要一段时间，但它们证实了我们的观点，即研究现在的 Z 世代可以帮助我们预见 2026 年的消费者价值观。对于 1996 年之后出生的人，他们现在经历的事情要比之后经历的事情重要三倍、持久三倍。

从现在到 2026 年，每年大约有 500 万人年满 18 岁。这意味着到 2026 年，将有 4 900 万 Z 世代成年人，之后还有 3 300 万人年满 18 岁。

什么是影响这一代人的主要因素？首先，也是最重要的一点，是我们一直在讨论的物质的丰富性和疲倦感。许多 Z 世代的人在经济大衰退和收入不平等的阴影下长大，他们目睹了父母如何艰难应对日益增长的消费者债务——从 2000 年到 2016 年，消费者债务以每年 5% 的复合增长率增长。我们调查的 57% 的 Z 世代的人说他们宁愿存钱也不愿花钱，这并不奇怪。经济衰退让 Z 世代的人意识到拥有很多财产是一种负担，而且可能很快就会一无所有。他们更看重体验，而不是所有权。既然可以借到车为什么要买车呢？既然可以随心所欲地播放喜欢的音乐，为什么还要买呢？为什么要囤积东西呢？为什么不把钱花在和朋友在一起的体验上呢？

年轻的 Z 世代表现出对消费主义的高度怀疑。他们并不排斥财富——许多人说想变得有钱，但他们并不想用钱来买更多的东西。当他们购买一种物质产品的时候，希望它真正与众不同——他们最常说的话是"内容充实"。

这一群体的另一个明显的趋势是，在购物中心闲逛的人比前几代人要少得多。最近一项针对 6 200 名青少年的调查显示，他们越来越喜欢在网上购物，而不是在商店购物。在过去十年里，网上购物的青少年比例增加了两倍。[3] 我们遇到的很多 Z 世代的人表示，如果想要和他们交流的话，就要去他们经常待的在线社区，那里有适当的影响者、相关信息和适当程度的参与。

有了网络，Z 世代可以随时与朋友建立联系，进行交流，他们不再需要一个集中的聚会场所，再加上对购物的不重视使得购物中心更不重要了。这一代人总是相互联系的。他们大多在起床一小时内就会上网，75% 的人每天发送 100 条短信，而短信甚至不是他们主要的交流媒介——色拉布才是。他们写报告时会同时使用 5 个屏幕，并在创作和消费内容时大声叫喊。他们喜欢通过看优兔来了解流行趋势，查看朋友更新的照片和动态（与商店相关的越来越少了），他们每天花 18 个小时在社交媒体上，其中有 9 个小时在盯着屏幕。[4]

这一代人相信，科技为他们提供了导航和塑造世界的工具。他们的教育不断扩大化和数字化：他们通过这些媒体加入、创造或了解政治运动（不要惊讶于极短时间内创造新的社会运动，因为网络是有利的工具和手段），他们的社交生活也在网络设备中进行。不了解或不知道如何使用这项技术的人，会被视为能力不足。

这一次，其他所有的活动都失败了，但最大的输家很可能是购物。毕竟，逛商店的经历无法与浏览吸引人的社交媒体网站、观看 TED 演讲、学习知识，以及看有趣的博主或优兔网红所带来的乐趣媲美。此外，流媒体意味着人们根本不需要安排时间、制订计划。

经过研究，我们发现的第二个重大影响是，年轻人身边充斥着反乌托邦社会的思想。从《哈利·波特》到《饥饿游戏》，电影塑造了黑暗势力的崛起，他们想为被选中的少数人（"纯血统"的人或者是第一区的人）控制世界。这些电影描述了利用技术、大数据和信息来监控人类，同时也展示了科技是解放和创造力的源泉。

与文化基因同时存在的，还有政治动荡的巨大威胁。从中东社会的混乱崩溃和全球恐怖主义的兴起，到欧盟可能解体带来的巨大而未知的影响，再到更多民族主义政治运动的兴起和对全球变暖日益加剧的担忧，都让 Z 世代的世界观在恐惧和希望之间摇摆不定。

我们的研究发现，Z 世代对未来 10 年表现出相当大的焦虑，47% 的人认为美国将经历极端气候变化的影响，42% 的人认为会发生另一场经济崩溃，50% 的人认为美国将遭受重大恐怖袭击，49% 的人认为世界大国之间将会爆发战争。三分之一的受访者表示，他们相信美国政府将在 2016 年前对少数族裔强制实施歧视性政策，而其他年龄段中只有 20% 的人持这种看法。[5]

毫不令人奇怪的是，Z 世代对社会上许多主要的公共和私人机构也缺乏基本的信心，这体现在他们在网络上的行为上。我们的调查显示，相比于千禧一代和 X 世代，Z 世代更注重控制网络数据的使用，这一点更像婴儿潮一代和沉默的一代，表明我们在网上公开分享的信息数量已经达到了顶峰。他们在网络上发布的身份都是经过高度选择和过滤的，许多人甚至在不同的在线平台有不同的身份，并用于不同的目的，例如 Meta 上是他们希望父母和祖父母看到的内容，色拉布是给好友看的。Z 世代会卸载具有追踪功能的应用程序，更懂加密及其保护能力，使用可以自动删除所发送的信息的应用程序，并且只有在他们认为有直接好处的情况下才会提供个人信息。我们的研究显示，只有 29% 的 Z 世代愿意交换个人信息以获得忠诚积分和奖励，而千禧一代中有 46% 的人愿意这样做——忠诚度计划不适用于 Z 世代。

大数据面临的另一个巨大挑战是，未来几代人将更加熟练地掌握如何共享数据，以及允许公司获得关于自己的哪些真实信息。数字商务的未来是在安全和隐私与（企业和政府的）监控之间取得有趣的平衡。可以说，从隐私的角度来看，现在的互联网已经崩溃了，不断有黑客攻击、拒绝服务攻击和数据泄露的事情发生，这让精通技术的消费者对共享数据高度警惕。我们的研究发现，未来在数字零售领域取得成功的关键因素是，建立高水平的信任。如果没有一套利他主义的核心价值观，零售商将很难与未来几代消费者建立联系。

所以，如果上面描述的是 Z 世代的焦虑，那么他们的希望又是什么呢？婴儿潮一代的成长伴随着越南战争、冷战和水门事件——这些给他们带来了巨大的不确定性和焦虑，并形成了一套新的积极价值观。那影响 Z 世代的事件是什么呢？

谈到 Z 世代的价值观，就得从多样性讲起。正如本书前面所说，Z世代是第一个少数族裔占多数的世代，预计到2026年，只有48%的Z世代是白人。[6]他们能适应充满各种肤色、性取向和信仰的社会。从Jay Z（肖恩·卡特）到斯蒂芬·库里到爱莉安娜·格兰德再到Lady Gaga，不同种族背景的人在主导着流行文化。不寻常的性取向和跨性别对老一辈人来说可能很难接受（尤其是在美国的某些地区），但对在当今时代成长起来的人来说，零售、商业和音乐领域的多个领导者属于LGBT群体（同性恋、双性恋及变性者）。74%的Z世代支持变性人享有平等权利，80%的Z世代比政府更早地支持同性婚姻合法化。[7]到2026年，这些价值观可能会更加主流。

Z世代与上一代的另一个不同点是环境。我们没有发现重大的政治运动（但有了互联网技术，政治运动可能会在一瞬间出现），环境是Z世代面临的主要问题。他们常常表示，自己未来将应对气候变化的极端影响。

了解Z世代的焦虑，并能在开发、采购、营销产品方面做出相应调整的零售商和品牌将会领先于其他品牌。李维斯已经开始践行这一环保理念了，它推出了无水系列产品，自2011年以来在其制造过程中节约了超过2亿加仑①的水。它的无水系列牛仔裤至少包含20%的用后回收材料。安伊艾也是如此，大约有四分之一的门店使用的是绿色能源，且计划通过减少排放、使用绿色能源和购买碳补偿，在2020年前成为一家"气候零负荷"、

---

① 1加仑≈4.5升。——编者注

废弃物零填埋的公司。耐克回收了 2 300 多万双运动鞋，用于 300 多个运动场地，同时每年的二氧化碳排放量减少了 18% 以上。[8]

追求更天然的食物、健康的生活方式和可持续发展是强调可持续发展的一部分，而这些趋势不会消失。

最有趣的是，与前几代人不同，Z 世代并不想组织社会运动。与 20 世纪六七十年代组织反战示威运动的十几岁和二十几岁的年轻人不同，Z 世代的人乐于加入沉默的一代的伯尼·桑德斯的运动，不太可能支持特朗普的"反建制运动"。Z 世代的这种心态还体现在社交媒体上，他们一般不会说服别人接受自己的观点（或发起一场运动），相反，他们希望跟已经持有某种观点的人或群体建立联系。[9]行动主义表现为日常生活中不可或缺的一部分。在我们调查的人中，52% 的 Z 世代认为公众的行动主义是改变世界的最重要的方式，而婴儿潮一代中只有 31% 的人这样认为。[10]51% 的 Z 世代认为，品牌的社会立场是他们决定购买或抵制品牌的重要因素。当他们找工作时，第三个重要的标准是公司对社会的影响。[11] 如图 10-2 所示。

最后，尽管有很多的消极因素，Z 世代对自己的未来仍感到很乐观。他们相信自己会比前几代人更自由地按照自己的意愿生活，生活会变得更好，更令人满意，质量也更高。同时，他们也相信，自己不得不比前几代人承担更多的责任。也许正因为如此，他们更有创业精神，更不信任公司——近四分之一的人想创业，这一比例是其他几代人的两倍多。部分原因可能是他们看到大公

- 接受多样性
75% 的人赞同变性
人享有平等权利

- 在经济上保守
60% 的人更愿意存
钱，而不是花钱

- 关注环境
50% 的人担心发生极
端气候变化

- 看重价值
50% 的人会考虑品牌
的社会立场

- 把科技看作工
具，而非游戏

- 不信任他人
互联网上的人形形色色

- 始终保持联络
94% 的人每天在线

图 10-2　Z 世代

司的规模在减小，创造的机会越来越少，但很大程度上是因为他们渴望拥有更多的自由。

他们也有偶像，如年轻的激进分子玛拉拉·尤萨夫扎伊、埃隆·马斯克和比尔及梅琳达·盖茨。Z 世代非常钦佩企业家，尤其是那些将商业成功与社会行动主义结合起来的企业家，因此巴塔哥尼亚和汤姆布鞋等品牌会得到这些关心社会的消费者的青睐。

Z 世代目睹了大衰退对极度富足的世界造成的影响，他们变得更加节俭，不那么物质至上，不愿意承受债务，不那么在意品牌，对价格更加敏感。他们对地球的未来有很大的担忧，但他们并没有达成一致的政治观点。如果你想卖给他们一些东西，这些东西必须足够特别，且具有意义和真实性。他们不太可能购买高价产品。换句话说，Z 世代所想的，正是我们一直在讨论的零售界的下一阶段——由价值观驱动的世界。它即将来临。

那么，零售商应该怎么做呢？在接下来的几章中，我们将讨论这个由价值观驱动的世界对零售商的实际影响，包括极端流动性的需要和品牌建设的新方法。

第三部分

未来

第十一章
零售新格局

巨变已经对零售业产生了巨大影响。从现在到 2027 年，零售业格局将彻底重组。产品的饱和与在线销售的盛行意味着实体店（以及实体店的零售商）将经历一场重大变革。

第一阶段　2017—2027 年

电子商务和数字原生品牌

跨越多个实体和数字平台的整合分销模式，将成为未来的主流。因此，亚马逊等纯电商和其他数百家初创企业将继续开设实体店。

数字渠道将继续以比实体渠道更快的速度增长，但它们最终将达到一种共生平衡——不再竞争，而是共享数据和产品，让消费者随时随地得到他们想要的东西。正如图 11-1 所示，随着时间的推移，几乎所有类别的电子商务销售额——尤其是电子产品、体育用品、图书、音乐、家具和服装——都在飞速增长。

美国不同类商品的在线零售
在线销售额占总销售额的百分比

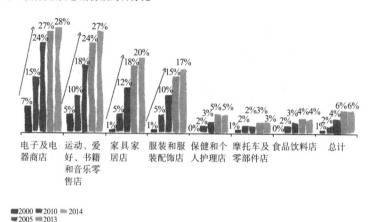

图 11-1　美国零售业的在线销售

商场及购物中心

美国现在有大约 1 300 家商场和购物中心，几乎所有购物中心的人都越来越少，而且以极低的折扣兜售大量过剩的商品。消费者拥有千篇一律的购物体验，无法随时随地购物。未来将会出现重大的调整，只有那些最强大且能够做出最大改变的零售商和品牌才能幸存下来。我们认为，超过一半的商场——大约700家——会因为无法提供吸引人的购物体验而倒闭。而幸存下来的商场将成为人们未来购物的中心，剩下的600家商场要么转为技术驱动型城市区域，要么为更小的郊区利基市场提供服务。具体应该怎么选择取决于投资、市场动态和当地消费者的需求。

许多人认为，科技让购物中心更多地成为娱乐场所，而不是购物场所。在这200到300个由技术驱动的购物中心，汽车或智能手机将配备传感器，引导司机直接进入停车位。商场会知道顾客已经到达了，并立即根据购物记录和浏览历史提供深度个性化的产品建议。顾客所喜欢的店铺也会立即向顾客提供与其尺寸相符的衣服。虽然小部分消费者认为这是对隐私的侵犯，但大多数人（只要他们信任这个品牌）会很乐于提供自己的数据，以换取愉快、便利的体验。当你购买了这些（与你的智能手机无缝连接的）个性化产品后，它们会立即被送到你的家里，出门去喝咖啡时，你什么东西都不用带。移动走道和显示电子门房个人信息的大数字屏幕将为你开启在线世界。改造购物中心还包括对内部体育场馆、餐饮设施和零售场所的改造。正在考虑中的设计将会以宏伟的建筑（高高的天花板、穹顶和新时代的建筑），营造像《星际迷航》一样的未来主义的城市氛围，以此向世界博览会上展示的那些伟大建筑的时代致敬。如果购物的未来取决于它的娱乐价值，它将在上述方面发生改变。[1]

未来购物中心成功的另一种方式是拥抱进步的社会和环境价值观。购物中心将成为一个集各种社区用途为一体的地方，不仅提供零售体验，还是艺术画廊，还可以回收旧衣服，制作手工艺品和食品，种植或制造各种东西，所有的交通出行方式都可以到达这个购物中心（不只有汽车，还会有直达公共汽车和火车的自行车道）。未来的重点将放在绿色发展上，有大量的社交中心供人们交流——如星巴克，它们是在家庭和工作场所之间的第三个地方。当然，技术将无处不在，但重要的是拉近人与人之间的距离，提供社区感，而不是彰显太空时代的服务水平。购物中心将成为一个建立社区感的地方，这是今天的零售业所缺失的。

另外 200 到 300 家购物中心将主要吸引当地社区居民。例如，亚特兰大的东方购物中心在通过转型为日益增多的拉美裔社区提供服务之前，濒临倒闭。这个商场现在被称为"嘉年华广场"，看上去更像是一个遍布中美洲和南美洲的传统农贸市场或露天社区市场，有数百个小摊，出售各种商品，包括 DVD、糖果、珠宝、化妆品、玉米卷，还有一些像拉雷多西服这样的大租户。这个购物中心也是一个文化中心，举办以拉美裔为主的招聘会，还会举行墨西哥独立日和五月五日节的庆祝活动，还有音乐和狂欢节，甚至还有支持移民的集会。如今，该购物中心满足了新社区的需求，从 1990 年到 2000 年一直生意兴隆，该地区的拉美裔人口增长了 230%。[2]

在刚买下举步维艰的东方购物中心时，这家购物中心的新老板正在与沃尔玛和家得宝商谈，计划拆除旧购物中心，修建一座新的传统购物中心。直到看到该地区不断变化的人口结构，并且亲身去了一趟墨西哥的露天跳蚤市场，他才改变了想法。购物中心升级以满足当地需求的例子还有佛罗里达州的购物中心或拥有商店的"阳光地带"，它们主要满足了科技水平低的老年人和要照顾孩子的忙碌家庭的需求，人们在购物的同时，还可以在商场里修车或清洗衣物。

剩下的 700 家购物中心将会逐渐消失，因为它们既不方便也不具有体验意义。这些运营商将寻找新的租户（如医疗保健办公室、健身房、棒球练习场），不会继续从事零售业。这些地区的前景黯淡。随着消费者的流失，很少有人愿意花钱振兴这些购物中心，渐渐地，这些用木板封起来的空建筑，可能会看起来如电影《银翼杀手》中的反乌托邦未来一般。要想重振这些地方，需要大量的创造力和想象力。

综合生活中心和小村庄的数量正在增长。它们是仿照现代小镇的主要街道建造的，但建在城市地区。商店、产品、服务和娱乐将根据当地人的喜好量身定制。综合生活中心还包括住宅单元。在旧金山附近爱莫利维尔的海湾街，有各式各样的商店，商店的上面是豪华套房和公寓，周围还有满是食品车的中央大街、电影院和一个中央广场。与其类似的是圣路易斯郊区的林荫大道，尽管与一个更大的购物中心隔街相望，但它仍在继续发展壮大。这条林荫大道正在斥资 7 890 万美元进行扩建，计划将其零售和居住面积增加一倍。[3]

随着消费者的选择越来越多，折扣店可能会举步维艰。主要的折扣品牌，尤其是那些 TJX 公司（T.J. Maxx、Marshalls、Home Goods）将继续爆炸式增长，并努力从综合生活中心和高端零售商那里夺取市场份额。

百货商店

百货商店将发展为主要城市地区的旗舰娱乐中心，小型商店数量将减少，这一现象已在全国各地发生。它们就像根据当地人的喜好定制的精品陈列室。

线下实体店与线上销售无缝对接，除了提供通过技术和其他体验增强的娱乐，百货商店还将引入第三方品牌，并在这些门店销售自营品牌的产品。百货商店强大的自有品牌的产品也将在小型品牌专业精品店出售。

总之，未来的百货商店会比今天少很多。老板们致力于提高百货商店的娱乐性、体验价值和服务水平，以吸引顾客前来购物。但是，大多数人在家里就可以享受到技术带来的乐趣，他们不会觉得无事可做，也没有买不到或配送不到的东西。因此，这些百货商店要想生存和繁荣，就必须达到一个更高的标准。

品牌专卖连锁店

品牌专卖连锁店的数量将大大减少，开设 800 多家分店的理由正在减少，而我们的论点表明，这种减少将会加速发展。互联网起到了很大的作用，但它并不是唯一的因素。导致这种变化的原因是，消费者渴望更多个性化的产品，这是大型连锁企业无法提供的。此外，一旦一家大型零售商给顾客留下了不好的印象，玷污了自己的品牌，就很难挽回形象，让顾客重新定位这个品牌。另一个原因是供需失衡，消费者有数百个同样有吸引力的选择，只需要轻轻敲一下键盘或在街对面的商店就可以买到需要的产品。

幸存下来的品牌专卖店将提供与百货商店相同的购物体验和完全整合的全渠道流程（即消费者可以通过商店、互联网或电话购物），特别注重为消费者提供个性化的全方面品牌体验，它们想把这些事情做得更有吸引力。

亚马逊必须在当地推出带有展厅的小型实体店，沃尔玛也要完善全渠道模式，利用其4 500家门店作为配送中心和购物场所。经过权衡，沃尔玛会只保留运行良好的大型超市，并在社区开设满足当地需求的小型门店。尽管采取了这种模式，"一元店"仍占据主导地位，过去几年来，它们抢走了沃尔玛相当大的业务份额。在未来很长时间内，沃尔玛和亚马逊将争夺零售业的老大地位。

其他大卖场由于无法为顾客创造一种亲密且与众不同的购物体验，将逐渐失去市场份额。

折扣店及仓储俱乐部

好市多等仓储批发俱乐部将不得不效仿沃尔玛，提供全方位的购物渠道，增加在线业务，并为消费者提供其他便利，包括在线购物、实体店提货和送货服务。否则的话，它们终将败给那些在线销售无须购买前试用的廉价产品的零售商。这些大卖场最终都必须实现快速配送（Instacart 和 Deliv 已部分实现这种可能性），因为对消费者而言，比起开车去大卖场，经过几家其他的杂货店，花时间停车，在众多商品中费力搜寻，他们更愿意直接在网上订购，在很短的时间内以相同甚至更低的价格得到所需的产品。

社区商店

小的、特殊的、亲密的、个人的社区商店将赢得更大的市场，获得更高的利润。无须任何数据分析和算法，当地夫妻经营的小店店主就能掌握顾客的需求和偏好。未来这种模式会越来越流行，并最终成为主流。

例如，俄勒冈州波特兰市的安斯沃斯街社区有 50 多位成员，他们不仅一起讨论与社区有关的问题，还讨论与整个地球有关的问题。为了减少食品包装和开车去商店的次数，他们建造了一个公共的户外土灶，启动了一项大规模食品批发采购计划，并成立了专门从事园艺、瑜伽和编织的小组，甚至还与附近一家排污工厂进行斗争。[4]

即使是大品牌，也能利用这种本土资源。如今通过数据分析和算法，规模庞大、资产规模达数十亿美元的企业也可以在全国各地的社区（包括许多大城市的社区）建立当地的利基商店和本土品牌。像全食超市这样的连锁店在纽约市有很多分店，每家店的商品种类都不同。TJX 是 T.J. Maxx 和其他品牌的母公司，为满足当地消费者的偏好，它在每个社区的店面都拥有不同的库存、不同的外观和呈现形式，即使这些不同的商店之间只相隔几个街区。

第二阶段　2027 年及以后

即便无法预测 20 年后的一切，我们仍然可以根据所看到的趋势，对零售业的未来提出一些想法。

商店

20 年后，分销渠道的优化和改善使得商店无须保有很多库存。人们只会在那些为消费者提供娱乐或深度参与和意义的地方购物。鉴于未来生活方式、工作方式和工作地点的流动性，许多商店将创建一种社区感，并提供一个方便人们见面、工作和闲逛的有意义的地方，在这样的环境中，人们自然也会购买一些产品。

大多数商店将只是陈列室。当然，也会有一些很棒的地方可以展示最新的流行趋势和时尚，让人们和朋友一起享受购物的美好时光。为了生存，一流的购物中心将拥有先进的技术和创新的产品，新的吸引力将来自在国内无法被轻易复制的大型娱乐设施。

其他的购物选择是提供创意性产品、服务和展示的社区商店。它们看起来像农贸市场、当地精品店、艺术展的集合，甚至可能是政治和社交讨论的场所。每一个地方都可以进行 3D 打印。

其他所有的超市都将消失。新的配送模式将解决电子商务带来的经济挑战，所有尚处于起步阶段的新潮配送设备，包括自动驾驶汽车和无人机，都将投入使用。人们不会去商店购买情感投入低、回购率高的产品，大型电子商务平台将满足人们的需求，但它们也将面临来自 100 万家新企业的竞争。

到 2027 年，"商店"一词将会过时。如图 11-2 所示。

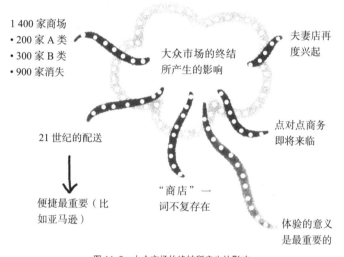

1 400 家商场
• 200 家 A 类
• 300 家 B 类
• 900 家消失

大众市场的终结
所产生的影响

夫妻店再
度兴起

21 世纪的配送

点对点商务
即将来临

便捷最重要（比
如亚马逊）

"商店"一
词不复存在

体验的意义
是最重要的

图 11-2　大众市场的终结所产生的影响

点对点商务

到 2027 年，点对点商务的规模将会扩大到能够以最高的效率运行的程度。人们将合作生产产品。这项技术使得简单的连接、安全、匿名的交易成为可能。这在今天听起来可能有点疯狂。2013 年，10% 的上市公司创造了 80% 的利润。自 1980 年以来，大公司的利润份额增加了 30%。[5] 我们所谈论的零售巨变标志着这种关系开始发生逆转。到 2027 年，大型企业在消费者、零售和媒体 / 娱乐领域的份额将会大幅减少，取而代之的是数百万家分散的小型企业。许多行业的规模优势正在减弱，很可能会消失。

像 OpenBazaar 这样的点对点交易网站很可能会成为下一个亚马逊，只不过它们不会成为平台。随着人们对安全和匿名交易的需求逐渐增加，darknet 可能会成为最大的交易场所之一。这两大交易网站上满是小型、酷炫、专注的商店和品牌，大型零售商和品牌无法占据主导地位。

接下来我们将探讨在这个新的零售世界中成功的准则。

第四部分

获胜的秘诀

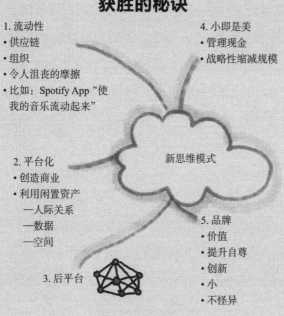

1. 流动性
- 供应链
- 组织
- 令人沮丧的摩擦
- 比如：Spotify App "使我的音乐流动起来"

4. 小即是美
- 管理现金
- 战略性缩减规模

新思维模式

2. 平台化
- 创造商业
- 利用闲置资产
  —人际关系
  —数据
  —空间

3. 后平台

5. 品牌
- 价值
- 提升自尊
- 创新
- 小
- 不怪异

图 s4　新思维模式

第十二章
小即是美

价格紧缩、大众市场和庞大零售企业的终结以及巨大的市场细分是本书论证的中心。这意味着零售业正在转向无数个满足各种消费者需求的利基市场，在那些市场中有无限多的专注品牌提供服务。无论是百货公司、杂货店还是化妆品品牌，我们的想法都与大众市场零售商或品牌采用的商业模式背道而驰。然而，如果高管们查看一下自己的店铺，他们就会发现我们所持论点的可信之处。贴着"所有商品打七折"标语的商店随处可见——这是供应过剩的体现。消费者访问任何一个大卖场，获得的体验都一样枯燥乏味——同样的人体模特穿着同样的衣服，每条货架上堆满了同样的商品——这是缺乏创造力和未能与消费者建立情感联系的体现。

标准化、效率和规模经济曾给大众零售商带来令人难以置信的成功。从 1996 年至 2006 年，在人口、社会和经济转型产生影响之前，百思买的市值疯狂增长了 2 260%，西尔斯增长了 699%，塔吉特的市值飙升了 786%，梅西百货增长 402%，诺德斯特龙百货、科尔百货和杰西潘尼百货分别增长了 264%、42% 和 25%。但那种商业模式已经过时了。从 2006 年到 2016 年，这些公司的市值大幅缩水，百思买的市值减少了 46%（但正在反击），杰西潘尼百货减少了 83%，科尔百货减少了 59%，西尔斯减少了 46%，梅西百货、诺德斯特龙百货和塔吉特分别减少了 46%、21% 和 15%。沃尔玛的市值自 2006 年以来增长了 43%，但这与其 1996—2006 年 320% 的市值增长相差甚远。与此同时，从 2006 年到 2016 年，亚马逊的市值增长了 1 190%。[1] 华尔街将这一现象解释得很明白：采用大规模零售模式的公司已经无法再增长了。对这些大型零售商来说，有两个基本的战略选择：管理现金流（可能关闭部分现金流），或者缩小业务规模，寻求在特定的小型利基市场实现再次增长。

现金流管理

企业要想生存下去，显然需要削减成本、缩小整个企业的规模（包括关闭门店和成立房地产投资信托基金来管理公司房地产）、出售品牌等其他资产，并将品牌重新授权给零售商。

在著名金融家埃迪·兰伯特的领导下，西尔斯和凯马特成功地缩减了规模，堪称典范：管理现金流，或者缩减业务规模，使公司要么成为规模更小、节奏更快的实体，要么直接破产。西尔斯的高管们显然会否认他们的策略是管理现金流，但他们所做的一切与这一方法是一致的——尽管这是为建立互联网业务的孤注一掷。该公司已将资产从核心业务中剥离出来，将 Diehard 和 Maytag 等有价值的品牌置于一个单独的实体；将数百家商店放在房地产投资信托基金，在西尔斯宣布破产后将由这些所有者接管；还将 Lands' End 剥离出去，停止对西尔斯门店的经营和员工的招募。西尔斯目前正在想办法出售旗下著名的 Kenmore、Craftsman 和 Diehard 品牌。

因此西尔斯的业务规模在缩水。随着同店销售额和门店数量的下降，该公司 2016 年第二季度的营收下降 8.8%，其股价也从 2007 年 191.93 美元的峰值跌至 2016 年 12 月的 8.79 美元（当你读到这本书的时候，可能股价会更低）。显然，西尔斯能否存活下去将是一个长期存在的问题。它最近注入的资金（很可能还会再注入一笔），旨在防止信心急剧下降，但目标仍然是争取到足够的时间来使资金运转。但是不管其所有者向西尔斯注入多少现金，由于零售市场的变化，西尔斯都不太可能以目前的商业模式生存下去。荒废的商店、消费者认为西尔斯已经过时、不再重要，反映了市场现实的衰落，而西尔斯对剩余品牌的抛售使情况变得更糟了。这是对市场挑战的理性应对，但给西尔斯带来了致命的打击。

西尔斯百货可能会为其他陷入困境的白货公司提供一个重要的研究案例。目前的形势表明，只有少数几家连锁百货商店能够存活下来。在这种情况下，如何在缩小业务规模的同时获得收益呢？这是零售业和面向消费者的企业从未想过的问题。西尔斯的故事结束了，兰伯特是否会通过管理西尔斯的现金流赚钱，将是一件有趣的事情。

另一个例子是收购欲望强烈的巴西公司 3G 资本，该公司进行了史上最大规模的并购：推动亨氏集团和卡夫的并购，主导汉堡王以 114 亿美元收购连锁企业蒂姆霍顿，促成啤酒巨头百威英博的诞生（是 520 亿美元收购的产物）。很明显，这种方法了解在有限需求环境中运营的挑战，并实施一个流程，立即积极地重组业务成本，以更好地反映当前的价格和需求限制。3G 资本采取的策略是大幅削减其收购的每项业务成本：通常包括大范围的裁员、缩减预算、调整紧缩水平以及企业文化的转变。例如，英博的收购导致安海斯–布希裁员 1 400 人；而 600 名亨氏员工在并购后失业，其中包括该公司前 12 位高管中的 11 位。[2]

那么，如何消除零售和面向消费者业务的过剩产能呢？这是整个消费行业普遍存在的问题。增长时期的开销结构和经济手段已不再适用，必须从根本上降低成本、精简组织。现在到了关闭利润丰厚的商店，整合业务量，并将更多销售转移到网上的时候——从现金流的角度看，这种方式最终的结果可能是很积极的。通过这种方式，商店的顾客可能会从离家更近的地方购买商品，或者在网上购物，这样零售商就可以在不产生额外费用的情况下保持销售。这是一种完全不同的管理哲学，但随着市场持续发生重大转变，现金流正成为主宰。

你可能认为金融家承担了太多风险，或者处理得过于激进，但现实情况是，现金流管理已成为一种必要的生存策略。

战略性收缩

第二种方法是更有战略性地缩减规模，以实现增长。显然，削减成本是关键的一步，这需要极大的创造力。例如，百货公司是否应该将部门商店的管理权移交给店主？战略性收缩需要重新思考一些基本要素，比如最优的门店数量、门店模式和全渠道战略——也就是说，要创造吸引人的购物体验，还要提供配送服务，使消费者可以随时随地购买品牌产品——这种方式兼顾了短期利益和长期目标。不幸的是，许多零售商没有这样的远见。

意识到这一趋势的零售商会怎么做呢？一个明显的举措是合并公司——如 QVC 和 HSN 的合并。还有一些公司会战略性地缩小规模，正如我们在前面章节中所描述的，它们会将其模式分解，以服务于新兴的消费文化和小微社区，满足不同顾客的需求。简单来说，一些公司会缩小自己的市场份额，转向利基市场，使自己与竞争对手区别开。

专注于小型市场并大获成功的例子是 TJX 公司（经营 Marshalls、T.J. Maxx 和 Home Goods）。TJX 很早就理解了市场细分和消费者兴趣的转移，也许是因为它是需求过剩的早期受益者。

然而，TJX公司持续增长的速度非常快，似乎无法作为一个普遍案例来讨论。TJX公司在2016年第二季度的收益报告显示其收入为79亿美元，比去年同期增长7%，高于预期。同店销售额同期增长4%，轻松超过预期和行业平均水平。净利润同比增长5%，高于预期。这一切都是在TJX增加新店的时候发生的。[3]

这种增长的根本驱动力是一种价值主张，它与供应过剩和价格通缩的时期完美契合。最初这部分市场是为了让人们去购买未售出的商品，现在已经成为消费者获得"寻宝"体验的地方。现在整个零售市场都在向这个方向发展。廉价或清仓零售商的另一个优势是，它们一直非常关注间接成本和最小化投资。目的很明确，就是让顾客得到优惠的价格。这种模式获得了显著的成功，以至于在大型信息技术系统、忠诚度计划或客户关系管理项目上的投资水平远不及老牌零售商。折扣店的间接费用一般随着市场的发展和新的价格水平发生变化，对这些商店来说，生存之道就是以低于网络的价格销售。这需要一个比目前大多数电子零售商还要低得多的成本结构。

TJX的成功在一定程度上得益于其独特的战略——将业务细分以推动增长。简单来说，TJX分析了每个市场，甚至每个社区，并根据消费者的偏好和每个市场的人口特征，定制了服装、价格，甚至商店的布局和展示。例如，位于纽约州里弗黑德小镇的T.J. Maxx主要面向蓝领社区，它与20英里外位于布里奇汉普顿的汉普顿小镇的T.J. Maxx完全不同，布里奇汉普顿村住着许多华尔街千万富翁。

全食超市的发展模式也是如此。其新的子品牌365超市提供了更传统的产品——只有大约50%的有机产品，而且大部分商品更小，质量不如传统的全食超市。这使得365超市的价格更低、面向的消费者更广泛。在其400多家传统超市中，任何一家店内都有15%到30%的商品是在当地采购的。为了实现这一目标，全食甚至成立了"采集者"团队，团队与全国6500多家当地供应商建立了联系，并从它们那里购买产品。

缩小规模还意味着公司针对不同的利基市场，出售不同的产品。为了迎合消费者不断变化的需求，大型食品公司纷纷将有机和本地化品牌加入自己的产品组合中。家乐氏在10年前就买下了Kashi，通用磨坊在2014年收购了安妮的自有品牌，坎贝尔在2013年收购了婴儿有机食品公司Plum Organics，并在2015年推出了有机汤系列产品。许多传统品牌也对其核心产品进行改造，使其更健康，或加入更多天然成分——通用磨坊将Yoplait酸奶的含糖量降低了25%，并去除了谷物中的合成原料；卡夫对其经典的通心粉和奶酪也采取了同样的措施，并去除了转基因原料中的糖分和果冻中的人工色素；玛氏公司也在为其经典的玛氏巧克力寻找天然色素。

我们认为，如果梅西百货、杰西潘尼、科尔百货等大型百货公司想要在未来取得成功，它们将不得不拆分自己的大型企业。它们首先需要关闭许多业绩不佳的商店。2017年，梅西百货已经宣布关闭其15%的商店；西尔斯和凯马特也决定关闭更多商店；CVS的一些门店，还有The Limited、Aeropostale、美鹰傲飞、

Chico's、Finiah Line、Men's Wearhouse 和 The Children's Place 等企业也在持续关店。对大型连锁企业来说，下一步是有战略性地缩减规模或拆分企业，重新配置非城市地区的剩余门店，以符合当地社区的喜好和生活方式。

我们认为，连锁百货公司必须首先在纽约、芝加哥、旧金山、洛杉矶和达拉斯等主要城市改造其大型旗舰店，使其成为人们娱乐、就餐、看时装秀和其他活动的场地，同时要对店面进行重新设计，让消费者感觉自己不是在一个堆满东西的大楼里购物，而是在一条充满私密性和个性化精品店的街道上购物。

连锁店只有将自有品牌或独家品牌与一系列强大的品牌（甚至是竞争品牌）结合起来，才能实现这一点，这些品牌会被邀请租用、聘用员工，并在门店中经营空间。伦敦赛尔福里奇百货公司堪称该模式的典范。在美国，沃尔玛和塔吉特继续实施它们的小型社区商店战略。沃尔玛在 2016 年 1 月宣布关闭旗下的小型沃尔玛特快店，但是将社区超市的数量扩大了一倍。目前沃尔玛已开设了 100 多家社区超市，多数位于人口密集的城市中心和偏远的乡村之间。塔吉特百货则在人口密集的城市地区开设了 32 家规模较小的门店。[4]塔吉特和沃尔玛采取这一策略是为了应对"一元店"带来的市场冲击，后者成立的初衷是服务小众市场和成千上万的蓝领社区。对大型企业来说，挑战依然存在：如何用为规模经济设计的顶部结构来运营小商店？这个新世界的正确组织模式是什么？大型超市能否持续发展？

许多其他大型零售商也在考虑缩小生意规模。

自 20 世纪 90 年代以来，家得宝一直在经营城市门店，但许多门店的面积仍相对较大，在 8 万至 9 万平方英尺之间（其郊区门店的平均面积为 12 万平方英尺）。由于家得宝进入城市市场的时间较早，因此它的同店销售增长超过了劳氏，而劳氏目前在许多城市正奋力追赶，最近开设了约 3 万平方英尺的门店。[5]这些商店仍然提供种类繁多的商品，避免了大规模转向网络销售的直接压力，线上和线下的组合给它们创造了喘息的空间。

欧迪办公的小型门店是该零售商少有的亮点之一。2016 年，该连锁店宣布将在未来三年关闭 300 家大型实体店，但将开设更多的"未来门店"（面积 1.5 万平方英尺），到 2016 年年底将达到 24 家，到 2017 年年底将达到 100 家。[6]

其他许多零售商也在采取同样的策略。

主要的品牌连锁店，如 Urban Outfitters、盖璞、J.Crew、Chico's 和维多利亚的秘密等公司，无论目前的财务状况如何，都已经进入了利基市场。然而，这些商店的模特、布局、分类和展示千篇一律。因此，它们也必须对数百家商店进行本地化——通过细分市场来缩小规模。

然而，从企业的日常开支到采购，都要基于规模经济和标准化。要创建本地化（甚至个性化）的小型商店，零售商需要改变工厂目前的模式，即最大化生产运行，并缩短从创造到消费的时间。这些必须用更少的管理人员来完成。

就大规模生产和个性化之间的内在冲突，以及这种冲突对她所在的高度定制化的公司的未来意味着什么，我们采访了在线内衣初创公司 True&Co 的首席执行官米歇尔·林。

米歇尔说："实体供应链缺乏创新的动力，它更注重规模、一致性和成本。大多数品牌会向工厂传达产品概念，然后基于自己的分级体系和之前的生产运行，做出相应的调整。但这种做法对吗？大多数情况下，顾客没有得到自己真正想要的东西，尤其是在一个追求个性化的世界里。"

与此同时，威富公司和 PVH 等大型服装批发公司正在通过收购乐斯菲斯、添柏岚和威富的其他业务、Tommy Hilfiger、Calvin Klein 等品牌，来打造自己的小众市场。

这种方式引起了一个问题，即共享服务模型（有共同的服务中心，但不同企业分摊花销）是否可行。许多公司正在尝试这种方式，如 Ascena 零售集团对 Ann Inc. 的收购就是基于这种方式，包括宝洁和帝亚吉欧在内的其他公司也在不同领域采取了这种做法。

这种方法的有效性还有待观察。官僚主义的中央组织很难及时响应市场的需求（如果信息技术作为一种主要的共享服务，那么它必须足够灵活，具有企业家精神，能够同时支持不同的品牌）。盖璞一直在剥离并出售旗下的部门，以加快对市场的响应能力，并提升品牌价值，这表明想要通过共享服务实现可持续的节约很困难。在写这本书时，亚马逊正在测试小型本地化管理的书店和杂货店，以及专门销售 Echo 系列产品的快闪店。我们相信，一旦经过测试，亚马逊将在全国甚至全世界推广这些商店。

这些商店很可能是亚马逊在对其庞大的消费者数据库进行挖

掘之后，推出的符合当地消费者偏好的超市。事实上，沃尔玛的一位前高管承认，这正是沃尔玛最大的担忧之一。而且，为了与亚马逊正面竞争，沃尔玛很可能将进行大规模的重组。

处理裁员过程的文化挑战是非常困难的。面向消费者的品牌一直致力于发展壮大，为消费者创造新产品和新体验。然而，现在它们面临一种新的环境，要承受缩小规模、存活和调整内部结构的压力。与此同时，它们迫切地需要精力充沛、活力四射的营业员。

增长

如果说零售商还有一线希望的话，那就是现在开创和经营小型企业。消费者迫切需要创新的产品、体验和服务。为大公司带来巨大优势的规模经济和商品规划分配业务已经过时了，消费者不愿意也没必要为这些买单。

如今的重点是生产少量有意义的产品——这是小型企业的特长。从手工巧克力到咖啡、T恤、当地生产的牛仔布，机会比比皆是。有前景的发展模式是先从一个有效的数字战略开始，然后寻找合作伙伴和零售空间进行扩张。迈克·威尔顿男士内衣公司和卡斯珀床垫公司的做法都证明了这一点。

唯一需要注意的是：不要轻易改变公司规模。规模不应该成为目标，重要的是提高盈利（并保持创新）。如果在试图发展的过程中不断投资和亏损，就要尽快卖出。一个很好的例子就是 Dollar Shave Club，其创始人在 2006 年年中以 10 亿美元的价格——相当于该公司销售额的 5 倍，将这家在线男性护理用品公司卖给了联合利华。记住，规模并不能带来任何回报。

对零售商来说，成功之路的下一步是显而易见的：选择自己的利基市场。如果你的业务规模很大，那就对它们进行细分，为每个利基市场打造个性化、有吸引力的产品和体验。我们在下一章将会讨论，在当今不断变化的消费市场中，想要建立一个成功的品牌，这一点至关重要。

第十三章
树立品牌

我们在"新的顾客价值——理性利他主义"一章中介绍了消费者对购物场所和品牌的期望,理性利他主义的关键在于真正理解消费者的生活观念,把他们的整体需求和价值观作为战略的核心,并塑造以这种价值观为导向的组织。这种方法不是把顾客仅仅视为消费者,在许多方面,它与传统的消费主义观念是对立的。消费本身并没有什么问题,但我们看到消费的动机以及未来人们消费的水平和方式发生了根本转变。打造一个能体现这种转变的品牌至关重要。

有很多数据表明,打造品牌是关键。对十大最有价值品牌的分析(根据明略行发布的全球最具价值品牌百强榜)显示,如果把它们作为一个投资组合，它们自 2007 年以来的表现将比标准普尔 500 指数高出 75%，比世界指数高出 400%。[1] 在未来的 20 年里，品牌的重要性会逐渐增加。没错，不要相信那些认为品牌正在衰落的说法。消费者在网上搜索、收集同行意见、查看价格后，依然会购买品牌产品——真正的品牌。如今，几乎所有的产品和零售商都宣称自己是品牌，但实际上很少有人真正做到这一点。

人们用许多传统的方式来定义品牌和品牌价值，比如认知度、忠诚度、购买意向、净推荐值、情感联系等。这些都很重要，但我们认为未来品牌的建立有五个关键因素。一个品牌（包括零售商和产品）必须：

1. 拥有一套清晰的价值观
2. 提高消费者自尊
3. 坚持创新
4. 保持相对稀缺性
5. 保持自我同一性

我们先从价值观谈起。

拥有一套清晰的价值观

我们已经详细论述了价值观的重要性和马斯洛的需求层次理

论（与自尊和自我实现有关），因此这里不再赘述。

但是我们需要了解一下不同种类的价值观。价值观的范围很广。终极格斗冠军赛拥有一套明确的价值观：侵略性、勇气、友情和利益。流媒体音乐平台声破天在"黑人的命也是命"运动后，立即发布了一份播放列表，随后，Meta 和谷歌等最受欢迎的千禧一代品牌也纷纷表示支持这一运动。近年来，露诗和欧莱雅积极支持涌入欧洲的难民，本杰瑞和美国航空公司纷纷为同性恋婚姻问题发声。用青年领袖、《穆斯林女孩》主编阿马尼·阿尔卡特的话来说，公众将奖励真正在多样性等价值观上付出实际行动，而不是只做口头承诺的公司。优步和来福车就是很好的例子，优步因被女性员工提出性骚扰指控，被谷歌起诉窃取商业机密和知识产权，以及为了能在不被批准的城市开展业务，使用应用程序欺骗地方政府官员等一系列事件，陷入了被动局面。来福车则一直积极将自己定位为具有社会责任感的拼车公司。

其他品牌也在以不同的方式彰显自己的价值观。南方连锁餐厅 Bojangles 的核心价值观显然是提供优质又令人舒心的食物；好必来公司领导了反对奥巴马医改要求企业为员工提供节育保险的斗争。当唐纳德·特朗普在推特上将叙利亚难民比作有毒的彩虹糖之后，箭牌公司回应道："彩虹糖是糖，而难民是人，两者不具备任何可比性。"显然，箭牌公司觉得有必要对此发声，尽管它知道并非所有人都赞同自己的回应。

消费者更愿意把钱花在那些有明确价值观并积极表现出来的公司或产品上。

提高消费者自尊

品牌始终要提升顾客的自尊。从让人们成为专属社团的一部分（如普拉达和巴宝莉），到让人们感觉到社区的归属感（如可口可乐将广告做成单曲——著名的《我想教全世界歌唱》），再到品牌对开启一段新征程的推销（比如买一辆保时捷），或者通过品牌传递隐秘信息——表达对上流社会的叛逆和不屑（如Fred Perry衬衫），或让人们感觉到自己在帮助别人（汤姆布鞋），或有利于家人幸福健康（环保和有机品牌），或通过出售非大众产品（如精酿啤酒、冷萃咖啡、10美元的果汁）让人们感到有身份、提升自尊。在第七章中，我们描述了人们对自尊的需求如何影响口味和购买行为的细分。这是打造品牌理念的核心。

因此，每个品牌都必须问自己这样一个问题："我的产品、品牌和体验真的能提升顾客的自尊吗？"对大多数品牌来说，答案是否定的。然而，如果不这样做，它们将很难在产品过剩的环境中幸存下来。

坚持创新

新的创新性的体验可以留住客户，这种体验可以来自产品和服务本身，也可以在购物体验方面下功夫。显然，在时尚界，消费者的喜好变化得很快，因此，只有不断缩短产品周期才有可能胜出（如H&M和Zara）。支持这一转变的创新来自供应链，这使得产品开发周期越来越短。从长远来看，在继续这样做的同时，如果能尽量减少对环境的影响（例如，减少生产一次性衣物所需的水和能源，以及妥善处理剩余的衣物），那么这很可能是一个很成功的模式。谁先做到，谁就会大获全胜。

另一个关键的趋势是，消费者从单纯地想要东西转向了要求体验。创新在这里至关重要。在《零售业的新规则》中，我们列出了许多可以创造或提升体验的方法。凯文·凯利在他的《必然》一书中，进一步阐述了这些方法。他列出了 8 种体验创造价值的强大方式，他称之为"生成性"，意思是"在交易时必须产生的品质或属性"：

1. 即时性：顾客最终会找到更便宜的方式来购买喜欢的产品，但是现在拥有才是最重要的。

2. 个性化：定制的产品比普通产品更有价值。

3. 解释：消费者想要的并不仅仅是产品，还需要有人告诉他们如何使用以及产品背后的故事。

4. 真实性：以独特的视角，从高质量、"纯粹"的物品中找到价值。

5. 可使用性：即便没有购买该产品，也可以随时随地使用它。

6. 亲身经历：就像你可能会花几百美元去参加一场可以在线免费观看的音乐会，某些亲身体验是无法被网络代替的。

7. 惠顾：顾客在购买喜爱的品牌时可以获得成就感。

8. 可发现性：只有能被消费者找到的产品才是有价值的。[2]

可见，除了产品本身，还有许多方式可以创造价值，大多与顾客（发现、研究、购买和拥有产品）的体验有关。

创新已经在很多方面产生了深远的影响，提升了顾客的体验（在未来也会如此）。许多技术创新看起来很花哨且很难持续（比如自动试衣间、智能货架，以及基于位置的移动警报），但随着产品价格不断下跌，这些创新将变得越来越重要，尤其是会吸引人们到商店参观。

产品方面和体验方面的创新都应该更深入和广泛。我们听到过的对产品最好的描述之一是，"它是我们想象力的结晶"。[3]在产品被创造出来之前，得先被想象出来。零售业和消费品行业对创造性和想象力有巨大的需求。产品、服务、体验和品牌，都体现了零售商们丰富的想象力和渊博的知识。这一点越来越明显。

事实上，产品和体验的开发应该是一个公司里最重要的事，而如今通常是公司中的新员工在做着这个工作，那些工作出色的人往往会被提升到管理层。苹果公司的成功并非偶然。一位专注于产品开发的首席执行官，和一群他能找到的最聪明、最有创造力的人，共同开创了现在的局面。然后，他在推出苹果零售店时复制了这一做法。类似的成功经历在其他许多以技术为中心的消费品牌中也能找到。许多人说，首席执行官不能把时间花在打造新体验上，但在未来，这将成为首席执行官的一项重要能力。他们将不得不把更多的时间用于开发新的、更好的产品和体验，培养企业的创造力和想象力。

零售商或品牌的创新方式有很多，没有办法一一列举。从为社区中最穷的成员创造更好的购物环境和送货体验，到为 1% 的富人提供可以衡量他们生物特性的酷炫产品，或令人兴奋的技术体验，创新都是至关重要的。

保持相对稀缺性

无论品牌所体现和创造的美好元素是什么，在建设品牌时都会遇到另一个要求：不能"烂大街"。长期以来，独家经销权一直是时尚界的支柱，但最近为了实现增长和对大众市场的追求，人们改变了这种做法。在第四章中，关于细分市场，我们列出了提升自尊的一种主要方式：通过拥有独特的标识或产品或成为某一特定群体的重要人物来获得社会地位。

未来的消费者（拥有丰富的选择）将寻求越来越独特的体验和产品，可能是一条设计特别的牛仔裤，一种只在少数几个地方有售的精酿啤酒，或是参加他们最喜爱的作家、设计师、创作者在高端商场举行的贵宾见面会。无论富有还是勉强糊口，消费者的可支配收入都将花在那些难以找到和复制的产品上。

当然，这也意味着品牌无限扩张的日子已经结束。记住：小即是美。

保持自我同一性

最后，在建立品牌的过程中，至关重要的一点是，永远不要做任何让人觉得奇怪或与品牌核心价值观相冲突的事情。这似乎是显而易见的，但为了追求增长，零售商和品牌采取了各种各样的行动，让消费者感到困惑，损害了品牌的真实感。

我们最常举的一个例子就是 Ponderosa 牛排店，这家连锁店看到市场上价格更高、质量更好的牛排越来越受欢迎，于是决定进军高端市场，它用昂贵的牛排替代了之前的低价牛排。然而，他们的核心消费者负担不起昂贵的产品，因此放弃了它，而那些富裕的客户仍然认为它是一家质量较差的牛排店。Ponderosa 的失败显而易见。发展产品虽好，但也需要与核心价值观保持一致——这并不容易。

另一个例子是杰西潘尼，罗恩·约翰逊担任该连锁百货公司的首席执行官后，当机立断，下令杰西潘尼旗下所有的连锁店提高价格，走高档路线，转而支持新品牌，这让消费者感到困惑。于是，迅速彻底改革这家零售商并彻底改变其路线的愿望严重受挫，并遭到了传统客户的公开反对。杰西潘尼能否收回成本还未可知，但它正在重新通过促销和"让您的每一'潘尼'（便士）都花得物有所值"的广告宣传活动，来讨好重视价值的消费者。该公司首席执行官马文·埃里森表示，他们在推出更多的产品，比如与化妆品连锁店丝芙兰合作，以一种全新的展示方式推出家电产品，并推出了新的大号女装系列——这些品类都是消费者更倾向于在实体店内购买的。杰西潘尼还推出了来自 200 多名设计师的 18 000 多件自有品牌产品，占其销售额的 50% 以上。[4]

有时伴随品牌重新定位而来的顾客困惑会以更微妙的方式发生。例如，在推出"我的梅西百货"计划时，每家商店都高度本土化，不同地点的商店之间有很大差别，以至于许多消费者觉得，除了传统的梅西百货店，其他的店都很奇怪。独特的产品种类、不同的尺码、不同的品牌和不同的定价，使消费者质疑梅西百货的品牌到底代表什么。

锐步是另一个例子：多年来，锐步从销售女性运动鞋，到赞助美国国家橄榄球联盟，签约阿伦·艾弗森（最初的篮球"坏小子"），目前在赞助终极格斗冠军赛和交叉健身等极限运动。时间会告诉我们锐步最新的定位是否正确，或许这个品牌仍在寻找它真正的基因。

Lands' End 也在努力重塑企业形象。该公司的首席营销官贝基·格布哈特在 2016 年的 Shop.org 会议上说，自从 2014 年 Lands' End 脱离了西尔斯，公司一直致力于将自己打造成一个"有意义的生活品牌"，其品牌形象接近老牌户外运动品牌 L.L.Bean 的质朴风格，而目标客户是一群更年轻、更时尚的消费者。为了迎合这一人群，Lands' End 在纽约市中心的第五大道和苏豪区等时尚街区推出了修身设计和快闪店。但到目前为止，这一转变并没有带来回报，该公司 2016 年第二季度的营收比去年同期下降了 6%，同时首席执行官宣布辞职。[5]

这些例子表明，如果企业没有一套清晰的价值观作为支撑，或者转型过快，就很容易让消费者感到困惑。利基市场的不断增加意味着每个品牌都必须越来越贴近其核心消费者。

在下一章中，我们将讨论在当前环境下企业生存和发展的另一个关键因素：流动性，也就是灵活性。品牌需要建立反应灵敏的供应链，以快速和经济的方式将正确的产品提供给消费者。

第十四章
流动的组织

在我们讨论的所有概念中，"流动性"对于实现经营现代零售业务所需的心态至关重要。"流动性"并不是简单地指现金供应的流动性，更广泛地说，它描述的是可以在几乎任何环境中快速使用或改变，或者可以快速移动到新的位置或形式的东西。公司在努力变得更有创新性，并理解它们收到的所有数据，"流动组织"的概念将变得越来越重要。这一概念挑战了关于公司如何与其他合作伙伴开展合作，以及公司与员工之间关系的传统观念。一切将更灵活变通。

与许多新思想一样，"流动性"的概念在数字空间中体现得最为淋漓尽致。比如，我通过注册声破天（流媒体音乐平台），使我的音乐收藏有了流动性。现在，无论我身在何处，用什么设备，或者想按照怎样的顺序播放歌曲，我（和我的家人）都可以随时随地聆听我收藏的每一张专辑。此外，现在我也可以找到许多符合我收藏品味的音乐，接收源源不断的建议和推荐。甚至我朋友的建议也以电子邮件的形式获得了流动性。

流动的供应链

我们先从流动的供应链讲起，这个概念是我们在与一家全球体育品牌供应链的负责人共进晚餐时提出的。我们认为，所有大品牌面对的挑战是，如何在一个高度细分的市场中，通过遍布各地的门店（越来越多地变成陈列室）来满足需求，如何为商店和网上订单提供新的分销模式（如当日送达），以及当 3D 打印成为日常现实时，对零售业意味着什么。换句话说，零售商要如何管理一小批按照地区偏好定制的产品，在给顾客提供丰富的触感和购物体验的同时，提供高效便利且能有效管理库存的配送服务呢？

通过晚餐讨论，我们意识到，庞大、僵化的供应链在当今世界是行不通的。大仓库里堆满了衬衫、袜子、鞋子和其他各种商品，这是不可避免的，但实际上只能支撑正在衰退的大众市场。库存必须成为一个准时制系统，只储存很少的商品，以极快的速度交付给终端消费者，缩短储存时间。随着越来越多风格迥异的人们涌向大城市，库存的空间将日益狭小。

那么，流动的供应链是什么样的呢？对大多数行业来说，流动供应链有以下三个主要特点。

没有障碍。今天的供应链之所以举步维艰，主要是因为渠道之间缺乏沟通，生产流程又长又复杂。如果消除了这些障碍，供应链就可以同样地支持所有销售点，并迅速调整以适应新的需求来源。消除障碍需要以一种同样适用于店内、在线和电话客户的方式来维护库存，并且不区分在实体店购买和在线订单。因此，货物可以快速、便捷地到达销售点，当然，这也需要缩短生产周期和交货时间。未来的生产方式要比 Zara、H&M 或其他快时尚零售店更灵活，品牌需要在当地拥有过剩的生产能力（并避免囤积库存），这将消除补货的时间障碍。

轻资产。这意味着要使用靠近市场的小仓库（可能是废弃的零售空间），减少大型配送中心的数量，采用"最后一英里"交付方式和零工经济模式，不需要创建庞大的车队，也不需要雇用一个固定成本很高的团队。这意味着可以利用别人的基础设施，共享资产。最重要的是，不需要通过建造巨大的新仓库或锁定资本的大型工厂，来管理漫长的生产周期。这还意味着加大对供应链（更高的产品精度，更多的数据使用）和 3D 打印的投资，最终将提升长期、个人和本地的生产能力。预计到 2026 年，所有产品都将达到很高的生产比例。

高度细分。未来的供应链将变得支离破碎，不再由一个生产点或供应点主导，这是产生消费者需求和满足需求过程的自然产物。降低供应链成本的能力将使较小的供应链更经济。供应链将专注于服务特定的客户需求（例如，在一小时内生产和送货上门的复古鞋），这些需求将因产品、客户和地点而不同。在未来，品牌不会只有一条供应链，而是有许多高度灵活、高度灵敏、流动性强的供应链。

灵活的组织

流动性也适用于未来的组织结构。现在的组织通常有一个清晰的等级制度，并在命令和控制的思维模式下运行。然而，像硅谷这样的技术驱动型中心显然受益于松散的组织结构，这种结构使各部门能够进行交叉协作，各级人员能够参与决策和创新。

谷歌的组织结构以扁平化和有助于协作著称，它鼓励员工发挥创造力，跳出传统角色进行思考，甚至鼓励他们从工作日抽出时间来思考新想法。这一理念也体现在了谷歌灵活的工作空间上——在谷歌车库黑客／制造者／设计空间里，几乎每件家具都安装了轮子。[1]

还有许多老牌公司也进行了这些组织变革。零售业组织变革中最引人注目的案例之一就是 Zappos。该公司采用了合弄制，从自上而下的管理转变为以圈子和联系为基础的结构，授权员工从事他们感兴趣的工作。当 Zappos 下令实施这一新制度后，该公司的 1 500 名员工中，18% 的人接受了买断，还有 11% 的人没有离职补偿金。Zappos 了解到，许多员工渴望明确的角色和职位结构，但是首席执行官谢家华并没有就此放弃。他说，人们需要一段时间来理解这些变化，自从采用了合弄制之后，公司迅速发展。[2] Zappos 甚至为其他寻求转型的品牌提供了合弄制培训。时间会告诉我们，这种模式是否过度发挥了"组织流动性"，但要应对零售转变的挑战，需要进行像 Zappos 这样的新试验。

在线宠物食品商店 Chewy.com 一直以高服务水平著称，企业员工拥有极大的自主权和决策权。比如，呼叫中心的员工可以自由决定如何让顾客满意。该公司会追踪通话时长，并嘉奖那些通话服务时间最长的员工。

并不是说这些早期的模型就是最完美的解决方案，相反，像许多新想法一样，它们可能会失败。但未来需要人们愿意打破旧的组织结构，采用更灵活的方式。

组织变革也适用于零售业之外。如西南航空和百胜等公司，品牌赋予了员工自主决策的权力，尤其是那些能够提升客户体验或帮助解决及时问题的决策。例如，在必胜客，员工有权做出任何成本低于 15 美元（相当于一个大比萨的价格）的决定。因此，如果客户投诉订单太慢或有误，员工有权当场退款或提供免费赠品。

建设流动性组织的下一步是应用这些新的组织结构，与外部伙伴建立更好的合作关系。最常见的是品牌与供应商、工厂与供应商、批发商与零售商之间的关系。根据管理咨询公司科尔尼的研究，"强大的合作关系可以将公司业绩提高 10%~15%，新产品发布速度提高 40%~60%，总库存下降 20%"[3]。美宝莲就是依靠零售合作伙伴来分销产品的一个典型例子。美宝莲与美国克罗格公司的合作关系尤其密切，这使得它们能够实时访问相同的客户数据，有助于美宝莲紧跟潮流，准确地按门店定制商品分类。[4]

在新的零售环境下，曾经的竞争品牌需要重新考虑它们之间的竞争关系。未来，公司和工作的流动性将成为新常态，一味担忧员工被挖走和泄露产品机密可能会阻碍公司的发展，因为这会使自己失去能够提供核心消费者信息和数据的合作伙伴。特别是在这样一个消费者数据极其重要的环境中，共享和协作可能是全面了解消费者需求的唯一途径，这有助于产品和体验的改进。比方说，你经营一家鞋类品牌，如果你知道你的顾客刚刚在附近的一家零售店买了一件新裙子，那你不就可以向她提议买一双可以搭配的鞋子吗？

在工作、职能部门甚至公司之间转换的能力有利于创新，这项能力将越来越重要。同样，建立合作者网络的能力至关重要，然而大多数组织没有建立起这样做的能力，甚至没有积极鼓励员工这样做。千禧一代的员工在成长过程中所使用的技术工具对零售和消费企业的发展越来越重要，但管理者往往对这些工具知之甚少。市场营销、创新和数据管理方面的数字革命只有在更加移动、更加灵活和更加分散的组织中才能蓬勃发展。换句话说，才能流动起来。

流动商业

流动组织的概念也适用于商业。消除商业和贸易上的摩擦显然是新时代零售业的一大理念。无摩擦，也就是不受阻碍的自由贸易，即产品、服务和支付能够轻松、畅通无阻地在理想情况下进行。要想实现流动性，组织需要在商品流动贸易方面进行投资。

同样，数字公司在这个领域拥有巨大的天然优势。优步就是无摩擦商业的一个早期成功例子，它向消费者展示了在一个无摩擦的世界里可以期待什么。优步不仅会告诉你叫车的地点、你要去的地方、可能的费用以及你在乘车过程中可以播放的音乐，而且避免了烦琐的支付过程。搭乘传统的黄色出租车时，它的信用卡读卡器总是坏掉。这就是我们所说的无摩擦，或者说真正的流动模式。

亚马逊正在用它的一键结账和支付按钮实现这一点，Prime是消除摩擦的一个有力工具。它的 Dash 按钮是下一个。这个来自亚马逊的小玩意可以放在食品柜或冰箱里的物品旁边，消费者只需按下按钮就可以订购。在未来，传感器的出现甚至使人们不用按按钮。亚马逊的 Prime Air 无人机是另一个重要组成部分。亚马逊拥有无人机送货到消费者当前物理位置（而不是送到系统里储存的收货地址）的专利，它的无人机能够在 30 分钟内递送多达 5 磅重的包裹。此外，亚马逊的预期运输专利和一种新的算法，可以让该公司在客户意识到他们需要订购之前，就将货物发送给他们。更具革命性的一个转变是该公司最近宣布的 Amazon

Go 商店（在撰写本书时，它是亚马逊在西雅图的一家商店），顾客可以在配有智能货架的商店里挑选商品，当顾客离开时，亚马逊通过应用程序从顾客的亚马逊账户扣费，不需要添加到购物车，也不需要排队结账。

有了科技这一智能助手，如迪士尼主题公园的腕带和智能手机，商业活动将更容易开展，人们去商店的频率也会大大减少。一切才刚刚开始。

事实是，所有的消费者都希望尽可能多地节省时间和精力，至少在购买日常用品时是这样，可能在几乎所有的购买活动上都是这样。这意味着要改变模式，从消费者向零售商发送订单，转向零售商在消费者订购之前就主动提供产品。短期内，更多的企业将使用订阅模式、会员模式和声控订购工具，最终在家中、工作场所、车内和学校都将安装有传感器——无论在哪里，都会提醒零售商发送产品，这些传感器会与其他智能设备连接起来收集数据，帮助零售商预测顾客的需求。这些只需要顾客输入一次信息，或一次支付数据就能实现。

问题不在于是否每个消费者都喜欢这些技术和送货方式（他们当然喜欢——如果可以送货上门，为什么要花几个小时拖着一大桶洗衣粉或卫生纸在沉闷的超市里转来转去？），而在于何时能将成本降到足够低，使得这种交货模式可以持续下去。

食品杂货行业会是最先采用这种模式的，如果成功的话，其他所有零售行业也可应用这一模式。食品杂货占消费者支出的30%，是消费者购买产品或商品的最大单一来源。各种各样的新玩家（亚马逊、谷歌、Instacart、Fresh Direct、Blue Apron 等）和传统零售商（克罗格、ShopRite、H-E-B 超市等）都瞄准了数字订购和配送。

随着市场上出现了平价的联网厨房设备，家庭联网也正在成为现实。随着国内外城市人口的重新聚集，尤其是对科技友好的千禧一代，宏观趋势正倾向于食品业的电子商务，这使得更密集、更经济的配送网络成为可能。

三星智能冰箱 Family Hub 就是一个例子，它配有 21.5 英寸①的显示器和内置摄像头，可以监控食物数量。它提供了有史以来第一个集成在冰箱中的购物应用程序，允许用户直接从显示器上购物，并通过 FreshDirect 和 ShopRite 送货上门。这款冰箱还可以连接和控制所有其他三星智能电器，以后还有可能与亚马逊 Echo 智能音箱联动。

在未来的 10 年里，50% 的食品杂货供应将来自网上订购或无摩擦的预见性商务，这并非不可想象。电子商务和预测性商务将从根本上重新定义杂货店的角色。

所有行业都是如此。到 2026 年，数字消费将占所有消费支出的 40%，而 15% 将是无摩擦商业，且以每年 24% 的速度增长。预计到 2026 年，60% 的服装消费来自数字消费，20% 或更多的服装会以无摩擦商业的方式提供。家庭用品中数字消费的比例约为 75%，无摩擦商业的比例为 10%。[5]

---

① 1 英寸 =2.54 厘米。——编者注

一些零售商已经开始未雨绸缪了。例如，沃尔玛正在测试一项技术，让消费者把商品放进购物车时用智能手机扫描商品条码，然后在离开商店前快速完成结账。

在这个流动的世界中，支付领域将发生重大变化。实物货币会慢慢消失。智能支付将颠覆金融服务业和商业的关系，并最终决定交易的地点。对每一个面向消费者的企业来说，现在是时候接受流动性了，即使最终的变化还要等上几年。

在下一章中，我们将讨论流动性组织对配送的影响，并探讨亚马逊是如何为真正的流动分销模式铺平道路的。

第十五章
亚马逊与配送时代

第十四章描述了供应链的未来，它们必须拥有流动性、高效率和灵敏的反应能力，以服务于无限的细分利基市场。我们相信配送可能会成为零售链中最重要的一环。可以说，配送点的数量可以和地球上的总人口一样多。毫不夸张地说，随着无限多的细分利基市场的出现，我们将看到无限多的细分和流动的价值链，它们将在更接近终端消费者的家中创造价值，并将以流动和快速的方式分配价值，实际上是看着产品在几分钟内走完最后一英里。

配送界的"旗手"：亚马逊

"最后 ·英里"指的是向消费者交付线上或线下订购的商品。关键在于配送和配送速度，现在还包括退货。亚马逊发起并稳步改善了其价值链，不断缩短交付时间，有些商品可在一小时内送达。事实上，亚马逊正在把最后一英里变成百米冲刺，它再次引领了行业潮流。其数百万用户习惯性地期望自己的商品以更快的速度到达，这促使整个零售行业纷纷效仿，尽管增加了巨大的成本，但对建设一个更快速、反应更灵敏、流动性更强的价值链来说是有必要的。

亚马逊的配送系统已经发展到可以将数百万商品和数十亿个库存量单位进行分类，把它们装成包裹，送到买家附近的邮寄地点，以低成本完成最后一英里的配送。亚马逊的新举措是建立自己的运输车队，包括飞机、卡车、货车和无人机。

2013 年，亚马逊 FBA 业务（为平台上的第三方卖家提供拣货、包装以及终端配送的服务）取得了巨大的成功。公司的战略奇才们还开发了"龙舟计划"，想在全球范围内拓展亚马逊 FBA 业务。它创建了全球配送网络，可以将中国和印度工厂的货物直接送至纽约、亚特兰大，或者伦敦客户的家中。

这家公司并没有止步于"龙舟计划"，该计划成了亚马逊进一步建设"全球供应链"的动力。我们可以把亚马逊想象成物流和配送行业的中心，它不仅没有联邦快递、联合包裹和敦豪速递这样的托运人，也没有成千上万个处理跨国贸易相关文件和货物的中间商。在流出的内部文件中，亚马逊描述了一个"革命性的系统，它将使整个国际供应链实现自动化，并消除与文件处理和货运预订相关的大量遗留废料"。[1]

亚马逊的计划是根据中国、印度等制造业国家的航运中心整合的大量库存，以较低的价格购买飞机、卡车和轮船上的舱位。从本质上讲，亚马逊绕过了所有处于中间位置的经纪人，也削减了这些成本。以批发价格获得舱位的方式，让许多小商户也能参与进来。因此，以中国的商家为例，它们将利用智能手机订购亚马逊卡车，从工厂提货。一旦货物到达配送港，亚马逊的配送系统就会再次启动，实现快速配送。亚马逊将其描述为"一键下单，即可实现无缝国际贸易和运输"。

流出的内部文件称，"卖家将不再向联邦快递、联合包裹和敦豪速递预订，而是直接与亚马逊预订。这种去中介化（消除中间商）的方式更加透明，更加便捷，而且价格很有竞争力，卖家将蜂拥至亚马逊FBA"。

亚马逊还瞄准了其庞大的中国竞争对手阿里巴巴，它们正在争夺跨境国际电子商务市场的主导地位。阿里研究院（阿里巴巴的研究公司）预计，到2020年，国际商务的总价值将达到1万亿美元，服务9亿顾客。[2]

亚马逊正在进军时尚和品牌服装业务、食品杂货业务、家具和大型家电业务，拥有陈列室、出版（各种类型的）和数百个没有明显界限的其他业务——正在测试、学习，并打算从那些付钱在亚马逊网站上交易的客户那里窃取市场份额。而实际上，亚马逊正悄悄与第三方航运运营商合作，进一步打造其全球分销企业。一旦亚马逊掌握了运输模式并实现了规模经济，它将赶走所有的第三方供应商，独家经营自己的业务。这就是强大的垂直整合和卓越的价值链控制！

亚马逊吞并市场的另一方面是其在云服务领域的强势地位。这项至关重要的后台服务在亚马逊内部开发时悄然起步，然后迅速扩大。现在，云计算是亚马逊增长最快、利润最高的业务。

国际金融服务公司 Robert W. Baird & Co 的分析师科林·赛巴斯蒂安在谈到亚马逊的全球供应链时说："这是亚马逊的经典时尚。"他说，亚马逊的全球物流业务的市值可能会达到 4 000 亿美元。"他们在漫长的道路上小步慢走，让那些可能被颠覆的公司很难察觉。亚马逊很少会迈出对市场造成严重冲击的大步。"[3]

所以，亚马逊不是一个市场。它正在努力成为一个高度发达的"民族国家"。它的下一个目标是什么？制造亚马逊销售的所有商品吗？毕竟，拥有并控制所有的配送系统，距离收购并拥有产品仅一步之遥，这将给亚马逊带来一个完全整合的价值链。亚马逊是一个垂直整合的公司！

今天开发另一个价值链功能，明天将拥有整个世界！

第十六章
平台

即使没有听说过"平台化",你也很快就会知道它,因为它即将成为面向消费者企业的核心战略。其理念是,每一家零售商或企业都应该把自己打造成一个平台。

平台的定义很宽泛。我们把平台比作剧院里的舞台,在舞台上,会上演各种各样的戏剧、音乐剧、即兴表演,还有与观众的互动交流。一家企业通常把自己定义得很狭窄,就像一出在舞台上反复上演的特定戏剧。一切都要按照剧本来,脱离剧本即兴表演是不允许的,观众的参与是被动的。这种思维模式在一个需要标准化和效率的世界中发挥了作用。但它也错过了剧团在演出过程中创造的许多隐藏的和未被利用的资产。平台的最广泛的定义是将剧院的每个空间都开放给新的用途。例如，作为这部作品的积极成员（甚至是创作者），观众将能够与彼此、演员和剧作家交流，并最终合作创造出以前无法想象的东西。

我们认为企业是一个平台或舞台（或剧院公司），它有能力创造任意数量的新模式，包括互动、交易、提供新体验、开发新产品或服务、建立新的合作伙伴关系，还可以将平台出租给其他人来积累资源。各级领导的工作是通过将企业视为一个以创造性方式吸引消费者的平台来开发创造新机会的方法。开发平台的一个核心思想是，（以投资或创建的方式）允许人们在没有中间界面的情况下交互使用平台。尽管在现实世界中难以想象，也很少有企业能做到这一点，但它应该成为长期目标和企业重要的战略方法。

用数字世界可以很好地解释我们的观点，这里我们以苹果公司为例。苹果可以被视为一个平台，它希望为消费者提供一个可以创造作品和体验的舞台。可以将 iPhone 想象成一个平台，人们可以在设备上创建自己的应用程序，建立全新的业务。优步的业务就是建立在苹果和谷歌这两个平台上的，Venmo 和 Square 利用苹果和谷歌的平台改变了人们的支付方式，照片墙和色拉布等也建立在这两个平台的基础上。

同时，iPhone 平台在人们看电影、听音乐、创建和分享相册，以及提供生活、购物、工作等方面的即时更新等方面也表现得很出色。而黑莓手机之所以失去了市场，是因为它从未将自己打造为一个平台，而仅仅是最好的电子邮件设备。将企业定位为一个平台并不能告诉你未来企业的方向，因为这很可能是由领导层以外的人（你的员工和客户）决定的，但它为新思维创造了机会。

提到平台业务，大多数人通常只会想到一系列的技术、信息共享或娱乐业务。优步创建了一个拼车和送餐平台，爱彼迎创建了共享房间的平台，谷歌创建了收集和共享信息的平台，网飞创建了开发内容和交付的平台，Meta 打造了分享个人动态和政治新闻的平台。在中国，微信正将尽可能多的应用程序放在自己的平台上，它的目标是用简单的消息传递平台为移动用户提供一套完整的服务。

然而，在现有的零售和消费企业中，尤其是那些已经产生重大经济影响的零售企业，几乎没有正在开发平台的。大多数人都没有考虑过通过平台与顾客建立连接和关系。这种概念上的障碍需要消除。

我们认为，将业务作为一个平台，是发展零售模式的一个非常有价值和必要的工具。正如之前所说，作为交货点的商店正在失去市场份额，而且这种情况还将继续下去，只关注产品将导致价值下降。模型必须不断发展，而将业务打造为平台是实现目标的最佳方法。

那么，怎样将业务打造成一个平台呢？第一步是查看业务中所有的资产、关系、经验和流程，比如消费者数据、零售存储空间、客户在访问商店或购买产品时的心理回报（这可能是最重要的），商店提供或可能提供的体验，网站接收到的访问，供应商关系，其他人拥有的你希望你可以使用的资产……将这些分类是了解平台优势的第一步。

下一步是确定这些资产创造新的和令人兴奋的机会的能力。业务发展的潜力通常取决于一系列的条件。在《平台革命》一书中，杰奥夫雷·G.帕克和马歇尔·W.范·埃尔斯泰恩提出了创建平台的几个要素。

如果存在以下（或其中一些）条件，就有机会创建平台：

- 可能使他人受益的未充分利用的资产
- 信息含量高的内容
- 利用你的资产连接买家和卖家的新方法
- 能够为资产添加信息、乐趣或体验，以增加其相关性
- 通过添加新信息、事务或内容来利用现有行为模式的机会
- 高度细分的市场结构
- 网络业务（用户的数量使价值增加）[1]

最后，如何为员工、客户和供应商，或者普通的外部人士提供了解公司业务的途径？简单地提供连接、技术、数据或空间可能会以不可预见的方式为业务发展创造途径。

让我们通过一些例子从零售商和消费者品牌的角度来探讨一下这些想法。

每一个零售商店通常都有闲置的空间，例如，未使用的储藏室。可以将这些闲置空间放在一个应用程序上，让其他有需要的人储存自己的商品以满足短期交货需求。大多数大卖场和百货公

司的空间越来越大，而空间的利用率却很低。将企业打造成平台，可以使其空间被其他人以潜在的非常规方式共享或使用。

许多百货超市已经开始将空间出租给其他人开设独立商店。例如，华夫饼屋把它的储藏室租给 Roadie 应用程序作为其送货点（该应用程序提供跨州配送服务）。这种趋势会越来越明显。

平台模型的另一个例子是基于数据层面的。许多零售商有机会收集和使用数据或信息。比如之前提到的耐克和安德玛对健身数据的收集，这些新的应用程序拥有大量的健康和活动数据。

大多数零售商都有很多无效的交易数据，它们既不准确，也不能完整地反映消费者的购买情况。然而，这个领域有很大的开发潜力。可以开发应用程序，让员工访问数据，使他们能够探索想法或趋势，而这些想法或趋势在今天是集中分析小组的唯一权限。使用量的增加有助于收集更准确的数据，产生更多的见解或创建新的业务。可能有许多隐藏的趋势和想法尚未被发掘。

平台思维模式让员工优先获得数据。谁也说不准它会走向何方。亚马逊云业务的发展就是其通过内部网络系统访问数据和通信的直接结果。获取信息的方法带来了新的商业理念。

几乎没有零售商和品牌尝试将现有或新的供应商与客户联系起来。他们错失了良机。零售商需要更独特的产品来提高商店和网站的吸引力，新的供应商首次接触消费者也面临巨大挑战，以及消费者对小众品牌的渴望，因此建立供应商与客户之间的关系是很有必要的。有了这种联系，零售商甚至不需要持有库存，只要收取交易费就可以了。

将企业客户和供应商连接起来的障碍在于不愿失去对客户交易的控制，以及对传统的基于商店的实现模式的依赖。在宠物用品、健康食品、工艺美术品等利基市场，品牌知名度高的零售商应该探索创建一个新的交易平台，在编写完软件和程序之后，甚至可以将内容和产品出售给社区。同理，大型服装商店和品牌也可以创建网站，让人们购买新衣服，出售旧衣服，甚至是其他品牌的旧衣服。这个想法也可以从网络效应中受益。

值得强调的是，商店要想在竞争激烈的世界中扮演新的角色，其必须成为一个体验平台，成为消费者体验的中心。这里我们需要说明的关键点是，将业务打造成一个平台后创建消费者体验的方式，与将商店视为相对固定的、内部控制的资产而打造消费者体验的方式，大不相同。

百思买就是一个很好的例子，它与其他几个大品牌共享其平台，试图将百思买打造为这些大品牌粉丝的聚集地，以吸引更多的消费者。三星、苹果、微软、索尼、惠普、太平洋厨房、威瑞森和美国电话电报公司都在租用百思买品牌的平台。

百思买和每一个与其共享平台的品牌都受益于协同效应。举个例子，比如一个苹果的忠实粉丝住在百思买直销店的对面，而去最近的苹果专卖店要 20 分钟。他一定会去百思买购买苹果产品，同时也可能浏览并购买其他苹果粉丝在城里的苹果专卖店接触不到的东西。同样，百思买的忠实粉丝如果购买了百思买的产品，也会浏览苹果的商店并购买产品。这是一种协同效应：百思买和苹果都获得了新的用户和收入。

这种协同效应的另一个好处是，两家公司都不必再各自开设更多的门店，节省了巨额的投资。这种"店中店"的模式几乎可以一夜之间在百思买的一千家门店中的很多家建立起来。

此外，非常重要的是，百思买能够通过与这些品牌签订租赁协议，来确保实现其收入目标。租约是根据百思买希望达到的每平方英尺的最低销售额来计算的，无论该品牌的销售额是否达到这一目标，都要支付规定的租金。如果该品牌的业绩高于最低水平，百思买就会获得额外的一笔奖金。

另一个例子是梅西百货，它现在同时拥有百思买、苹果、拉夫·劳伦、太阳镜小屋、巴宝莉、露诗、Finish Line、Destination孕妇装等品牌。尽管整体来看，梅西百货是供应过剩和打折这一恶性循环的受害者，仍在苦苦挣扎，但其新任首席执行官杰夫·根内特显然将这类合作关系视为一个亮点。他在 2017 年年初宣布，梅西百货将增加更多亮视点（眼镜品牌）的"店中店"，并正在考虑将旧金山旗舰店的一个区域改造为奢侈品牌聚集区。[2]可见，梅西百货和其他百货公司在寻求发展为品牌社会 / 社区平台的同时，也在追求协同的分销战略。大多数"店中店"品牌都有自己的门店，但它们仍会将梅西百货的平台作为自己的消费者的另一个切入点，并通过梅西百货的流量增加销售额。与其避开自己的竞争对手，强强联合会产生更强的协同效应。

梅西百货斥资 2.1 亿美元收购了 Bluemercury 水疗和美容连锁店，从而获得了另一个提供协同效应的品牌平台。这次收购是一个明智的战术举措，不仅为梅西百货提供了新的收入增长来源

（使它在 18 个州拥有 60 家 Bluemercury 门店），也为梅西百货和整个行业提供了更强大的战略信息。Bluemercury 也可以被认为是一个潜在的社交社区，将通过梅西百货的平台得以扩展。[3]

几个街区外的诺德斯特龙社区平台拥有 J.Crew、美德威尔、Top Shop、布克兄弟、Bonobos、碧昂斯的 Ivy Park 运动装、美容品牌 Charlotte Tilbury、Shoes of Prey，以及 HauteLook，其中一些品牌已被诺德斯特龙收购，另一些则是它的独家合作伙伴。这意味着，诺德斯特龙明白老牌百货公司必须做出历史性转变，这一战略必要性破坏了传统零售 / 批发过程和结构。

在《女装日报》的一次采访中，J.Crew 的首席执行官米奇·德雷克斯勒被问及品牌与梅西百货的交易是否意味着 J. Crew 正在转向批发业务模式，他回答说："这根本不是批发业务。"我们认为德雷克斯勒理解了 21 世纪的分销，他设想将他的品牌放在许多分销平台上，这些平台与他的品牌的消费者定位相匹配，并让这些品牌获得新的消费者流量。

尽管外界有很多关于罗恩·约翰逊执行力的负面报道，但他为杰西潘尼制定的策略不无道理。他将公司视作一个为消费者提供广泛新体验的平台——而不是集中控制的平台。他的设想是，让其他人利用这个空间来建立自己的体验，并把杰西潘尼打造成一个更像小城市的地方，而不是一个百货公司，围绕着中心广场的林荫大道上满是小店（其中没有一家杰西潘尼的自有品牌），顾客可以在这里吃饭、看演出或上课。

他的愿景并没有消亡，在很多方面，马文·埃里森也采取了类似的方法，与供应商建立了创造性的合作关系，利用杰西潘尼的平台作为展厅，并改善了购物体验。杰西潘尼最成功的案例之一就是与丝芙兰的合作。2010 年，杰西潘尼 1 100 多家门店中只有 115 家丝芙兰店中店，但到了 2015 年年底，在杰西潘尼关闭了部分门店的情况下，丝芙兰店面数量上涨至了 518 家。[4] 这种合作对两个品牌来说都是双赢的，既给杰西潘尼带来了新的客户和声望，同时也帮助丝芙兰以更低的成本快速扩张。杰西潘尼还引进了一些电器品牌。时间会见证杰西潘尼和其他零售商能否比在供求失衡等不利条件下发展得更快，但把自己打造成平台显然提供了一条成功之路。

将企业视为平台的最后一个例子解决了未充分利用的后台功能的共享问题。大公司需要收购小众品牌来实现增长，并服务于小众市场，利用已经通过测试但未充分使用的功能来管理它们，是利用现有资产的另一种方法。这也是威富集团多年来的策略。例如，当威富集团在 2011 年收购添柏岚时，它利用后台功能帮助添柏岚快速增长。添柏岚总裁斯图尔特·惠特尼说："能够使用威富的平台和资源，对添柏岚而言是一个极大的优势。在获得深刻的消费者洞察，获取生命周期分析等工具，以及材料的创新方面，5 年前的我们根本无法享受到威富提供的这些资源。"惠特尼表示，由于减少了花在后台和运营功能上的时间，添柏岚有更多的时间思考一些"激情点"，如可持续发展。添柏岚也能为威富旗下的其他品牌，如环保品牌乐斯菲斯，提供有价值的见解。[5]

许多小牛仔服装公司都在努力保持自己的地位，它们是否应该进行合并，以便巩固它们的后台职能？是否需要一家专门为小品牌零售商提供所有支持功能的公司呢？

类似地，Ascena 也共享了其服务系统。例如，Ascena 在2015 年收购 Ann Inc. 时，利用未充分开发的后台功能为两家公司处理采购、分销和物流流程，节省了 1.5 亿美元的费用。[6] 但通往成功的道路是艰难而危险的。

这种平台的挑战在于，在太多领域寻求协同效应往往会损害单个业务的需求。如果信息技术、采购和产品开发都没有受到影响，那么这种方法是可行的。否则的话，它会使产品上市的时间过慢，妥协太多而不能满足消费者，报告工作也会过于繁重。尽管如此，平台思维模式需要考虑这一选择。

可能很多人难以理解，超越零售商和品牌意味着什么，但实际上他们已经达到了这个阶段。在消费者的心目中，品牌不仅仅代表它们的商店、网站或产品。平台化使品牌能够发现和利用隐藏的机会，并在这一过程中吸引消费者、员工甚至竞争对手。

后平台

仅仅把企业或品牌打造成平台是不够的。如图 16-1 所示，分布式计算（不同位置的计算机处理同一任务）及其相关技术标志着后平台时代的到来。在没有大规模中介的情况下进行联系、沟通和交易将成为常态。我们在第十一章中提到了 OpenBazaar，它是最早建立的后平台网络，现在预测它对商业世界的潜在影响还为时过早。除此之外，还有其他的方法。

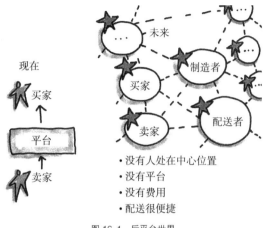

图 16-1　后平台世界

　　我们来看一下如何设计新产品。有一个网络设计团队由许多个人构成，他们签订了一份合同，将在世界各地（通过共享账簿——区块链）分享发明使用费，并设计软件来生产新的产品。团队成员从来没有进行过面对面的交流，他们用 3D 打印机生产产品。随后，设计师们会在最新最酷的社交媒体网站上展示他们的产品，以获取想得到这些产品的潜在目标客户。这款产品大受欢迎，人们立即要求为自己的 3D 打印机安装这款软件。于是，他们把软件发给买家，买家用比特币来付钱。该产品在全球数千个地方生产，没有平台，没有集中的产品开发团队，没有分销渠道，也没有商店。一些买家添加了他们自己的功能，然后转售软件，创造了一个分层、有质感的原创产品。就像不同国家的音乐家不断合作推出新的音乐形式（雷击顿是一种新兴的音乐形式，源自拉丁美洲的文化融合，被各个国家的共享艺术家聆听和创作）一样，新产品也将不断涌现。

点对点商务能够捕捉趋势、迅速对事件做出反应，并制造出真正个性化的产品。我们期待到 2026 年能看到这种商务模式的巨大影响。

下一章，我们会把所有讨论过的观点集中在一起，总结出获得成功的关键要素。

第五部分

纵观全局

第十七章
使改变切实可行

对零售业和面向消费者的企业来说，从来没有像现在这样迫切地需要变革。创造和执行新愿景需要新的思维方式。在你决定放弃现有的战略计划之后，下面这些潜在方法或许可以帮你继续前进。

1.面对现实。本书的目的是分享对未来的展望，这是基于新兴趋势的巨大转变。很少有组织能理解或接受这个巨变。以下三个问题至关重要：

• 巨变的哪些方面会影响你的业务？

- 这些变化对你有什么影响？

- 在巨变发生之前，你还有多长时间准备？

2. 奉行理性利他主义。显然，市场规律会一直存在。只有一个好的目标是不够的，但没有目标就没有办法取得成功。消费者拥有的产品和服务的选择越来越多，他们的物质和消费观念不断变化，这意味着，如果产品和服务没有一套独特的核心价值观，将很难获得市场。在与公司目标整合后（或者找到一个新的目标），品牌需要了解客户的需求，并明确自己的平台能为消费者带来什么。

3. 创造变革的文化。只有当组织信任水平较高时，才会发生积极的变化。人们之间的相互信任有助于他们发挥创造力。随着旧盈利模式的消失，领导者需要创造一种可以促进相互信任并产生创造力的环境。彼得·德鲁克曾提出有效变革的 4 个步骤：意识、理解、承诺和行动。我们无法在每个步骤中为每个商店提供具体指导，但要强调一下意识的重要性。没有意识，就无法领导公司进行变革。接受这种巨变是建立组织承诺的必要的第一步，以迎接艰难而必要的变革。如果没有意识到这种转变的巨大影响，将会导致人们采取一些零碎的行动，或者错误地以为转变不会持续，很快就会回归正常。

4. 抓住 7 个"C"。即使有了一套明确的价值观，企业也面临巨大的挑战。我们认为，在未来 10 年里，每一个成功的零售平台都会有 7 个支柱。每一个支柱都是生存所必需的，那些想要大获全胜的人需要在这7个方面都做到最好。为了便于记忆，我用以字母"C"开头的7个词来代表这些支柱。你需要根据它们来评估每个策略。

社区（Community）

定制（Customization）

连通（Connectivity）

便利（Convenience）

内容（Content）

策展和选择（Curation and choice）

控制（Control）

社区

每个企业都试图利用社区，但只有少数企业能够理解这个概念。可以把社区想象成公地——它在工业革命之前比较流行。公地是人们经常用来放牧的地方，它属于所有人，或者说，它不属于任何人。同样，社区拥有资源，每个人都可以使用它。虽然这是公共空间，但每个人都有利害关系。

举个当代的例子——维基百科，一个由社区创建、拥有和共享的资产。其他的例子还有推特，它早期是一个社区，人们可以在上面编写自己的应用程序或发送推文话题。Data.gov 是美国总务管理局技术改造局的一个项目，旨在通过向所有人开放美国政府数据库中的信息来鼓励技术发展。再比如，维基解密（无论它今天变成了什么）在这样一种理念下诞生，即社区拥有访问、使用和共享政府所收集的信息的权利。

支撑社区概念的价值观是实验、合作、思想自由和信息自由。通过创建开放和可扩展的存储库，人们可以根据需要使用和重新组合它的资源。在极端的情况下，社区的创造者无偿或以实物交易的形式提供一切，希望其他人能以新的伟大的创新、想法或艺术创意加入公地。社区并非交易性业务，但需要各种社区贡献的间接支持。对一个真正的社区来说，最大的问题是：如何创造利润（这就是推特和维基百科所面临的困境）。

回到企业和社区，企业建立社区的第一步是认识到拥有和发展社区的责任属于其成员。在设定了社区的总方向之后，公司必须放弃控制权。换句话说，不管它们喜欢与否，都会失去对社区的控制权。任何策略的核心部分都是如何最好地帮助创建一个社区，如何利用网络效应，同时保持与业务相关。即使在后平台时代，以点对点的互动为特征，没有实体世界的中心节点，消费者仍然强烈地渴望加入社区。未来的数字世界将会有社区，即使它们不以企业交易平台为中心。

社区可以帮助扭转日益衰落的企业，比如亚特兰大的广场嘉年华。

社区的种类有很多。一个日益增长的趋势是运动社区。动感单车连锁社区 Soulcycle 吸引了数十万粉丝，这些人花 35 美元参加一项具有挑战性的 45 分钟锻炼。这项锻炼迎合了人们想要娱乐、成为最好的人、成为比自己更大的事物的一部分的愿望。这个健身俱乐部充满吸引力。当全班在黑暗中开始动感单车训练时，音乐响起，定制的乔纳森·阿德勒蜡烛缓缓燃烧（同时也在大厅里出售），教练会经常询问瑜伽式的问题，比如"是什么让你变得美丽？"。很多人因为SoulCycle爱好者的狂热投入将其戏称为"邪教"。未来十年类似的活动会越来越多，比如，瑜伽已经开始普及了。由于社会原因，个人培训和集中训练也会继续增长。

有趣的是，老牌服装公司威富集团正在通过旗下品牌Vans为我们指明方向。在伦敦，它把位于滑铁卢桥下的Vans店完全交给客户，让他们组织活动、玩滑板、相互联系。未来很可能有人会问："谁是商店的老板？"

Meta、照片墙、色拉布等社交网络社区正在蓬勃发展。事实上，它们正在从传统媒体中窃取商业广告收入（以Meta为首），因为这些社区成员有相似的兴趣，他们会征求同伴的意见，传递很棒的评论，这些评论会像病毒一样传播开来。与2015年第四季度相比，Meta 2016年第四季度的广告收入增长了51%，尽管增速有所放缓，但达到了88.1亿美元。[1]

对每个正在开发数字战略的人来说，重要的一课是：你不能控制内容，必须迅速把钥匙交给社区。无论你在时髦的企业内容开发上花了多少钱，如果消费者没有感受到拥有感和控制感，他们就不会出现在你的网站上。共享公地的理念仍然是关键——你可以在10年后卖掉它，但你不应该试图控制它。这就是网络效应对企业的影响。

几乎每天都有新社区在互联网上建立，社区的数量已经非常庞大了。对于任何一个兴趣或需求，都可以找到能够满足的社区。Reddit 是一个由数百万微社区组成的社区，从因 Oxiclean 去污剂而出名的已故比利·梅斯，到被 P 出手臂的小鸟，再到拿着派摆拍的老太太，各种微社区应有尽有。喜欢嚼碎冰块的人，想要讨论如何打理长发的男人……都能找到归属的社区。

苹果公司很好地诠释了社区的概念。作为苹果的高级副总裁，安吉拉·阿伦茨对苹果零售业务的愿景从来都不是在商店里卖东西，而应该是一个活生生的、有生气的、人类聚集的地方，一个与每个细分社区的 DNA 相匹配的社区，它应该寻找为这些社区增加价值的方法。苹果真诚地希望通过创建一个聚会场所或城镇中心来创建一个社区，那里欢迎所有人进入，还提供教育课程、研讨会和产品演示。如今，苹果 64% 的店内员工专注于为顾客服务、回答问题和提供帮助。

亚马逊平台本身可能很难被定义为一个社区，但我们相信，不断增长的数百万亚马逊用户需要感觉到自己是社区的一部分。如今，亚马逊的社区感很大程度上源于社交层面的产品评论分享，但这并不牢固。亚马逊如何建立更多的社区呢？亚马逊希望与大学分享哪些数据，或者只是让普通消费者体验和试验？目前，封闭系统的增长和竞争压力太大，还无法形成这样一个社区。但十年后会逐渐形成。

传统的面向消费者的企业，即使是那些拥有知名品牌的企业，如梅西百货、沃尔玛、塔吉特、杰西潘尼、盖璞、蔻驰、克罗格、宝洁等，也很难在自己的平台上建立社区感，并且这种情况将持续下去。

许多传统企业都找到了它们忠实的核心用户，并为他们提供特殊的优待，比如独家派对、时装秀和名人活动，让顾客感受到会员专属的社区感。然而，想要达到我们前面提到的那种新型的社区模式，将是一项长期而艰巨的任务。

面向消费者的企业必须尽可能地将平台塑造成社区，提供人们喜欢的关于社区的所有东西：友谊、共同的兴趣、可以塑造社区的角色、信任、充满温暖并令人兴奋的环境，以及许多有趣的经历和体验。企业越接近上述描述，就越有可能获得认可，社区的影响也越有可能快速蔓延。在这种情况下，人们涌向社区的速度会比使用高朋每日团购的速度更快。社区的消费群体不会离开，他们关心的并不只是价格。他们在社区上的消费会越来越多，越来越频繁。

定制

定制是指为每个客户提供独特的产品或体验。个性化和个人商务是当前的流行词汇，可以与"定制"互相替换。

罗恩·约翰逊是 Enjoy 的首席执行官兼创始人，同时也是著名的苹果"天才吧"的设计师，杰西潘尼前首席执行官，他表示，面向消费者的业务经历了三个阶段：商店，电子商务和移动商务，以及当前的个人商务阶段。简而言之，销售科技产品的 Enjoy.

com 网站会有一位专家为你在网上订购的任何产品提供服务，无论你什么时候下单，想要寄到哪里。这位专家还会为你提供一小时的使用指导和好处介绍。这相当于 Enjoy 为你提供了一个"天才吧"。

为什么面向消费者的企业已经进入了个人商务阶段？简单来说就是，技术和大数据的出现使个人商务成了可能。展开来说就是，正如我们所指出的，消费者提高了他们想要的东西的标准，个性化有助于了解客户生活的细节，并做出相应调整。

个性化在数字世界中最为显著，新兴的应用程序或助手（以及其他）能够通过语音和视频对话、电子邮件、聊天、购买记录、短信甚至记事本和待办事项列表来收集数据。这些数据可以帮助描述用户的偏好、活动、物理体验和欲望，促进商业活动的展开。从这些数据中，企业不仅要弄清楚顾客想要什么，帮助他们更好地找到产品或服务，也要教他们充分利用这些数据，并且向他们提供从未有过的新想法。它们甚至会影响我们想要做的事情。

有了人工智能和学习算法，这些应用网站将变得越来越个性化。它们会说消费者的语言，了解消费者的态度。它们将为客户提供最能满足其需求的解决方案和产品，并指导人们改善生活或拥有更健康的生活方式。

如果这是业务发展的方向，那么今天你应该从哪里开始呢？实现定制化的第一步是定义每个消费者独特的生活方式和行为模式、好恶，他们所参与的身体、社会和心理社区，以及所有其他相关的个人信息。这些信息（目前称为大数据，但它不仅仅包括字节数据）有助于确定哪些是潜在消费者，了解他们何时何地需要什么。

我们可以通过追踪人们在线上和线下成千上万的浏览数据和联系交易点，来大致了解其生活模式，这是聚合信息的第一个阶段，也是最简单的阶段。接下来的两个阶段越来越复杂：确定哪些数据点是最相关的，以及如何使用这些数据点。最后一点是最困难但也是最重要的。

显然，在互联网上收集这些信息要快得多，也容易得多。与之前通过信用卡 / 商店结账过程收集数据和信息的努力相比，它还更深入地研究了行为和生活方式。有了这些数据和技术，零售商也可以实时做出反应。

举个简单的例子，亚马逊或者任何一家网络零售商，很快就能判断出我是一个普通消费者、重度消费者还是轻度消费者，知道我浏览的商品以及我间歇或定期购买的东西。假设我经常买推理小说和灯泡，亚马逊会根据算法和机器学习得出的数据，在我通常购买的周期之前，给我发邮件推荐一些新出版的推理小说。同时，凭借其完善的预测分析技术，亚马逊会在我意识到自己需要订购之前就把灯泡配送到我手中。

有这样一个广为流传的小故事：一个男人回到家，在自家门廊发现了一个亚马逊的包裹，里面装着一个灯泡。他挠挠头，觉得很奇怪，因为自己并没有订购灯泡。然而，一个小时后，他厨房里的灯泡坏了。

如果分为十个等级，传统零售商和品牌可能处于第二级，开始学习如何了解消费者的生活，准确知道客户想要什么（商品、服务和体验），然后能够在恰当的时机和地点满足消费者的需求。亚马逊可能处于第六级。

我们曾问过一家大型百货公司的高管，他的首要任务是什么。他毫不犹豫地回答说："我想找一个拥有 10 个数据分析博士学位的人。"

订阅式商务将成为按需个性化服务的变革者之一。Birchbox 是个人商务的早期例子，它使用算法和专家管理来解决个人客户的特定美容问题，然后每月向客户发送订购的美容盒，客户可以决定保留部分或全部产品，并退回他们不想要的产品。个性化的"尝试、学习和购买"成了成功的销售模式。如今，这些企业的经济状况仍面临挑战，但随着持续的价格通缩，当价值从产品本身转向亲密度和服务水平时，这一问题将得到解决。

食品杂货领域也有类似的趋势，如 PlateJoy、Fuel 和 Sunfare 等初创公司，根据用户的健康目标、饮食需求和偏好提供个性化的膳食计划和食品杂货配送。

亚马逊和其他电子商务的例子反映了个性化商务是可能的，然而对实体大卖场、折扣店、超市和其他大型业务来说，实现这种个性化服务仍是很复杂和困难的。尽管如此，随着在线数据收集能力不断完善，至少它们能更容易识别客户，与他们建立个人联系，并定制产品、服务和体验。

梅西百货首席执行官杰夫·根内特考虑到了大型商店在制定

个性化战略时的复杂性，他表示，决定使用哪些个人数据，以及如何使用这些数据非常困难。但对梅西百货这样的大企业来说，更大的挑战在于，如何整合所有战略，使其不仅能作用于销售、营销、门店运营和供应链这四大板块，还能作用于数百家门店。

我们预计，梅西百货和许多大型平台有可能将其在线个性化服务提升至接近亚马逊的水平。然而，对传统的实体零售商来说，将个性化范围缩小到个人或"一个人的世界"几乎是不可能的，因为传统的渠道之间缺乏沟通和信息共享，老旧商店积压着大量库存，将在线个性化水平应用到实体店需要巨大的技术成本。它们还必须通过为特定的客户群体或社区定制营销、商品、商店和供应链来分割业务。梅西百货已经开始针对营销采取个性化（针对志同道合的消费者群体）战略，并根据社区的喜好对其数百家门店进行本土化。这一战略的执行会很坎坷，但梅西百货应该继续完善它。

由乐斯菲斯、Vans 和添柏岚等品牌组成的价值 130 亿美元的威富集团，是去中心化、去一体化、细分的另一个例子，该集团正在向社区级别的个性化发展。威富的战略模式早在 20 世纪 80 年代就已经确立。资源、财务和人际关系等共享功能都是集中的，可以充分发挥速度、效率和生产力的优势，而每一个旗下的品牌都是分散管理、自主的，独立与顾客接触和联系。以乐斯菲斯为例，无论线上还是线下，它都控制着其品牌与社区的个人关系。该公司的核心团队乐斯菲斯运动员队与研发团队合作，共同开发新产品并研制能增强性能的面料，比如轻量级的登山夹克可以耐高海拔条件。这是为每一个想要提升成绩的运动员个性化定制的产品。乐斯菲斯还在完善信标技术的使用，使顾客的商店体验个性化，甚至在忠实顾客进入商店之前，就连接其应用程序，通过发送促销信息的短信吸引顾客进入商店。一旦顾客进入商店，员工就会交叉销售和追加销售顾客喜欢的商品。

如今的问题是，个性化往往只是被视为一种增加销售额的手段。这不是真正的个性化，了解客户的（接近）整个生活环境必须成为战略的核心。

零售商和品牌公司越来越意识到它们所参与的个人客户关系的重要性，以及这种关系所承载的责任。很多顾客将个性化服务视为对隐私的侵犯，零售商要在其中找到恰当的平衡点。例如，塔吉特利用大数据计算出消费者何时怀孕，其知道的时间甚至比消费者自己和家人更早，并为她们提供婴儿产品的折扣，这种做法往往被认为过于精明。撇开这些例子不谈，普遍的观点是，如果零售商提供的建议有价值，消费者会很乐意使用该产品，并与品牌或零售商交谈，当然，前提是消费者允许零售商进入自己的生活。

连通

连通性曾经是一条单行道。当消费者需要什么东西时，他们会去商店或超市。在市场营销和广告的黄金时代（1950—1980

年），面向消费者的企业试图利用广告吸引消费者购买它们的产品或服务。但今天的连通性是一个全天候的沉浸式过程。

正如我们所说，它已不再是一条单行道。消费者就是生产者，反之亦然。消费者不需要通过平台与其他消费者建立联系，点对点的交易也会在无人控制、无人知晓的情况下发生。

如今的连通性，即品牌与消费者生活的联系，是一个积极主动的、活跃的、重复的过程。连通性不仅仅是商业平台和消费者之间的连接，而且是通过人工智能和物联网将消费者的全部生活整合和连接起来。

积极主动

建立平台的第一步是企业主动接触那些有兴趣参与平台社区的消费者（同样是通过数据分析获得的）。企业应该收集有关客户希望在何时、如何以及在何处参与的信息，即使只是定期接收有关社区活动、创新和这些客户感兴趣的领域的消息。

这一趋势将不断演变，正如本书所述，任何一家公司对消费者的控制和吸引力都会逐渐减弱。业务发展的下一步要积极主动地开发程序接口，允许客户以任何适合他们的方式与你联系。在你不在场的情况下，你应该允许消费者使用哪些资源？在后平台时代，连接甚至可以绕过这个问题，但如果你主动寻找连接，你就有机会保持相关性。

保持活跃

无论何时何地，只要消费者想要使用平台，它都必须是可访问的，并且在线上和线下都必须即时响应。价值链中最重要的环节是销售助理或客户服务代表，要确保他们对你的业务和产品很精通，知道如何使用游戏技巧来吸引消费者，能够使用 iPad 或其他设备明确库存及其位置、了解所有平台内容和平台社区成员的个人信息。如果你的客户服务人员拥有这些技能，那么他们将成为采购链中最后一个重要的撒手锏。

重复

从本质上讲，平台的整个过程必须是流动的、无摩擦的、永无止境的。

未来某一天的购物

要解释商业和生活之间的联系，最好、最简单的方法就是观察一对年轻夫妇未来生活的某一天（包括购物）。这个例子说明，通过使用人工智能、机器学习、增强和虚拟现实、大数据、物联网、交叉式触摸屏设备、iBeacon 技术、数字支付、机器人、应用程序、基于许可的营销等，实现了终极连接。

杰克逊和索菲娅醒来，开始为工作做准备。类似 Alexa 的助手会根据天气和他们衣柜里的衣服为他们提供个性化的建议，告诉他们当天应该穿什么。索菲娅的手机知道她要和老板开一个重要的会议，所以它建议索菲娅穿一套更正式的衣服；杰克逊的手机显示，他在前一天收到的每周定制服装中包含一件新毛衣。这对夫妇每周都会通过订阅的方式收到衣服，这是根据他们即将参加的活动、天气和风格偏好选出来的。他们不觉得有必要买穿不了一两次的衣服。

他们去厨房做早餐。幸运的是，他们的冰箱在前几天发现牛奶快用完了，于是又订购了一些。牛奶就在前门的外面，装在充满干冰的袋子里。冰箱还根据厨房现有的原料，为索菲娅提供了一个健康的奶昔食谱。

他们叫了一辆自动驾驶汽车送他们去上班。他们在车里看屏幕上的新闻，杰克逊看到他最喜欢的乐队当晚将在镇上表演，他立即用手机扫描广告购买门票。一款应用程序会自动在音乐厅附近的两个地点预订晚餐——一个是杰克逊常去的，另一个是他可能会喜欢的，并预订了另一辆自动驾驶汽车。

第二天，这对夫妇去塔霍湖滑雪。他们通过网站把自己的房子租出去一个周末，并租了别人在塔霍湖的房子。他们为这次旅行订购了另一辆自动驾驶汽车，它已经载满了他们需要的所有设备，是从一家体育用品商店租来的。到了塔霍湖，索菲娅发现自己忘记带隐形眼镜护理液了，于是无人机在30分钟内就把隐形眼镜护理液送来了，索菲娅甚至不需要告诉无人机她在哪里。

第二天在斜坡上，杰克逊注意到升降索里的一个男人穿的滑雪服很别致。他拍了一张照片，并通过滑雪护目镜展示给索菲娅看。当他稍后走近滑雪小屋时，收到了一个推送通知，说那件夹克衫在距他不远的地方正在打折。于是他点击了一下就完成了购买，等他回来的时候，衣服已经被送到了他租来的塔霍湖公寓。

便利

正如我们所说，时间是新的奢侈品。随着生活中人们需要和想要的东西越来越多，所有平台面临的真正挑战是更快、更容易地接触消费者，并为消费者提供更快、更容易的访问。这需要一个无摩擦和流动的价值链，如第十一章所述。

在过去，便利意味着去街对面的商店买东西，或者躺在客厅的沙发上从目录上订购东西。然而，东西要等到两周后才能收到，实际上没那么方便。

如今的便利是，在任何地方都可以使用移动设备浏览、挑选，然后一键购买，在一个小时内就可以收到想要的东西。当然，亚马逊再次遥遥领先于其他平台，其他线上线下的平台都在竞相追赶。我们相信，在我们能够预见的未来，亚马逊将继续在全球范围内不断创新便利设施。对其他人来说，这既是好消息也是坏消息。好消息是，所有其他平台都可以复制亚马逊的创新（我们希望如此）。坏消息是，在未来几年里，亚马逊很可能会让该领域的其他零售商望尘莫及。

便利是，无须你自己操心，Echo 的智能助手会告诉你，你的汽车该上润滑油了；便利是，Stitch Fix 会根据你自己选择的周期，寄给你一套新的、为你量身打造的时尚产品，供你免费挑选和退货；便利是，无论你在哪里，来福车都可以在几分钟内接到你，并且无须将信用卡从钱包里掏出来就可以自动扣费；便利是，Instacart 将食品杂货送到你家门口；便利是，乐购在韩国地铁站的墙上贴着杂货店商品的图片，通勤者可以扫描他们想要的杂货的条形码，当他们到家的时候，这些杂货就会送到那里。

便利是，当你的洗衣机通过与物联网的连接告诉你需要重新订购汰渍洗衣粉时，你只需点击洗衣机上的 Amazon Tide Dash 按钮，很快机器就会通知亚马逊为你订购和配送。

便利是，你打开梅西百货的应用程序，告诉私人造型师你晚上需要一套晚礼服。一个小时后，你到达了梅西百货，造型师根据你的个人数据挑选出了 6 套她认为你会喜欢的服装。把这 6 件衣服全部下载到梅西百货的虚拟试衣镜中，你就能看到哪套衣服最好看了。

便利还包括对沃尔玛、塔吉特、梅西百货、百思买、家得宝等大型实体平台进行拆分。它们需要有更小的、定制化的社区社交聚会场所，以满足当地人的口味。

到目前为止，亚马逊在便利性方面处于领先地位，大卖场和零售商都很清楚，它们需要加快所有类别的实体平台的推出速度，其中一些已经进入了测试阶段。

内容

在 20 世纪，所有面向消费者的企业的成功信条是：产品就是一切。如果你有一个伟大的产品和一个伟大的品牌，你就会赢。而今天，产品只是入门门槛，正如我们所说，很少有人真正关注"想象力结晶"——真正区分品牌的因素。再吸引人的新产品也不能仅凭产品本身取胜，更不会一直受欢迎。消费者无时无刻不在期待着出现更优秀的新产品和打折促销。

在这个新世界里，任何面向消费者的平台的内容，无论是线上还是线下，都包括东道主品牌以及东道主可能与之共享平台的其他品牌平台预期的所有感知和实际利益，包括消费者所期待的社区环境（真实的或可感知的），以及有趣的、有教育意义的互动体验。

内容还包括定制、社区、连通、便利，甚至还有策划和选择。我们在前面 4 个 "C" 中提到的所有例子都与此相关。

平台之外的内容也必须来自平台，并与品牌平台的消费者社区建立联系，无论他们身在何处。这就是所谓的内容营销。举例来说，运动鞋供应商 Vans 制作了一些视频，让像凯尔·沃克这样的职业滑板运动员成为明星。沃克先是和几个玩滑板的朋友聊起这款运动鞋的新性能，然后表演了一段花式骑行，穿越充满障碍的路段，既有趣又刺激。

年轻的运动爱好者（无论是否是滑板爱好者）会寻找这些视频，学习沃克滑板的动作并获得乐趣。即使他们没有刻意寻找视频，也会在社交媒体中看到分享。如果他们在 Vans 网站观看视频，只需轻轻一点就可以购买这款运动鞋。

2016 年春天，三星在曼哈顿的肉类加工区创建了一个内容营销平台——一个典型的社会社区，提供品牌和消费者共同创造的体验，以及知识的源泉。它是一个巨大的多层数字游乐场和文化中心，包括一个欣赏音乐会或电影的礼堂，一个带有旋转数字装置的艺术画廊，众多三星显示器和平板电脑，一个演示智能家居的使用方式和烹饪技巧的主厅，以及一个咖啡馆。它不是商店，而是一个类似苹果"天才吧"的产品服务站，汇集了三星的所有产品。这个内容营销平台围绕 8 个热点设计：艺术、音乐、娱乐、体育、健康、烹饪、科技和时尚，这些主题充分体现在了建筑的构造上。

HSN 是一个品牌在线和电视社交社区平台，全天候在线播放内容营销，演示可以现场订购的特殊产品的使用方法。比如，当人们观看大厨沃尔夫冈·帕克的烹饪课时，不仅能学习技巧，还可以订购喜欢的产品。为了更好地应对零售巨变，HSN 正在与 QVC 合并。

另一个很好的例子是初创男装品牌 Chubbies。这家纯电商品牌很重视内容的打造，尤其是对社交媒体的运营。它的大部分内容都来自顾客：顾客穿着该品牌衣服的照片，并配上有趣的标题介绍——这样的照片 Chubbies 每周能收到 1 000 多张。但 Chubbies 在内容上最大的成功是它的视频。就像顾客的照片一样，视频并没有刻意推销它的产品：内容包括电子游戏竞赛、男子花样游泳、大型水上滑梯、在荡秋千的时候喝水，顾客穿着Chubbies 的短裤和泳衣开心地做各种挑战类游戏。这样的视频每周都有 500 万到 700 万的浏览量。[2]

其他内容营销的例子还有很多。事实上，许多奢侈品牌的时尚平台已经用引导和娱乐性的奢侈生活杂志和博客取代了产品目录，并配有优雅的人们穿着该品牌产品的美丽图片。

策展和选择

我们在这里将策展和选择放在一起讨论，因为商品、服务和体验的管理完全是由一个目标驱动的，即提供完美的"金发姑娘选择"[①]，不太多也不太少。

策展，在我们的文章中，是指创建、编辑和管理相关资源，间接地包含经验。它还包括那些让消费者高兴、为他们节省时间并改善其生活的知识和信息。所有这些都必须符合品牌平台的社区需求和品牌的基因。在大数据的帮助下，策展人也加强了互联互通并丰富了内容。

鉴于策展功能的广泛性，未来的品牌平台应该有一个首席策展官。

金发姑娘平衡是由向消费者呈现最佳精选的目标驱动的。未来将有无数的利基品牌服务于无数的利基市场，这也就意味着任

---

① 金发姑娘选择源自英国作家罗伯特·骚塞所著的童话故事《三只熊》，意指恰到好处的选择。——编者注

何一个给定的平台都有无数的选择。正如心理学家巴里·施瓦茨在他的著作《选择的悖论》中指出的那样，如果消费者有太多的选择，他们就会变得沮丧、焦虑，甚至可能失去兴趣。[3] 在他的文章中，也强调了策展的重要性。

在线订阅服务有许多，其中一些（Stitch Fix、Birchbox）我们在本章已经探讨过，都是由策展员根据顾客个人偏好提供的。许多奢侈品和百货公司的个人造型师就是优秀的策展人，他们利用个人数据帮助顾客做出选择。我们提到过的 TJX，也是策展人——根据本地社区定制不同的平台体验和分类。

乔氏超市还向我们展示了如何不在那么个性化的层面上进行策展。这家杂货店通常只提供一到两个版本的产品——只有大约 4 000 个 SKU（单品），而普通杂货店有 5 万个 SKU。[4] 它的选择适用于大多数消费者，许多人对此欣然接受，因为更少的选择意味着可以快速结束购物之旅。

控制

控制实则是一个悖论。乍一看，这似乎是显而易见的：为了做到我们之前所说的几个"C"，品牌平台必须完全或几乎完全控制整个价值链，从创造到消费。

零售世界变得更加细分，它需要吸引并鼓励消费者积极参与。消费者对内容的所有权，再加上点对点商务能力的出现，导致控制的概念开始瓦解。到 2026 年，零售商的控制权将大大减小。所以，或许正确的做法是，现在要更多地控制，当不能够再控制的时候，要尽量更多地保持相关性。在 3D 打印的世界中，零售商对设计和生产的控制也将消失。

在第十四章中，我们介绍了今天的当务之急：线上和线下都要拥有流动的、快速响应的、灵活的、细分的价值链，以服务于未来无数分散的利基市场。就像为消费者创造无摩擦的购物体验一样，创建无摩擦的价值链也是必不可少的。

与在特定功能上更熟练、更高效和更有效的外部实体紧密合作，必须控制品牌平台不拥有的价值链中的功能。技术、信息透明度和全球化的发展使得价值链中的所有功能都能在世界各地找到专业知识。

我们预计，规模较小的连锁店将会扩张，其生产的本土化的产品会大受欢迎，然而大规模生产的商业化或专业化产品仍将占据很大一部分份额，并且销售这些产品的零售商，如沃尔玛和苹果，仍将继续推动全球范围内对低成本和专业化生产的追求。

尽管价值链中的某些功能将被共享，但品牌平台的发起者和创造者仍需寻求其控制权。例如，富士康科技集团（一家中国台湾跨国电子产品制造公司）与苹果、亚马逊、任天堂、PlayStation 等公司签订了产品生产合同，这些品牌在合作的同时严格地监督生产，以确保富士康生产的产品符合品牌的属性、形象和总体定位。

威富集团将三分之二的制造业务外包给低成本的亚洲、中美洲和非洲国家。为保持对其合作企业的控制，威富启用了一个叫作"第三条路"的项目，该项目在外部工厂引入了威富深厚的制造知识和专业设备，以确保工厂生产的产品与威富集团保持相同的风格、质量和成本。这对于一个每天要生产130万件不同产品的公司（从服装和鞋类到睡袋和行李箱）至关重要。[5]

威富的首席执行官埃里克·怀斯曼告诉我们，随着劳动力成本的上升，这种做法有助于降低成本。他说："以前劳动力太便宜了，所以我们使用了许多采购工厂并雇用了许多劳动力。而现在劳动力越来越贵，于是我们将自己的一些工程技术和加工技术带到外部工厂生产，这样不仅有助于控制成本，还可以保持较高的劳动效率。例如，我们在墨西哥的工厂生产大量的大众牛仔裤，经过我们的调查，在其他任何地方都找不到更便宜的牛仔裤，同时这些工厂的设备很精密，生产出来的产品质量高。这就是我们与外部工厂合作生产的原因。"

最重要的是，品牌必须控制那些直接与消费者接触的环节。毕竟，持续创新需要跟踪并响应消费者不断变化的欲望，因此主导品牌必须控制原创、开发和营销环节。此外，为了在地理上和战略上为消费者提供更快、更方便的访问，并在所有相关的分销平台上为消费者提供便利，还要控制配送过程和"最后一英里"（如我们在上一本书《零售业的新规则》中所说的，"先发制人的配送"）。

最后，对销售点的控制至关重要，因为它可以帮助品牌与顾客建立情感联系。苹果、亚马逊、星巴克和迪士尼等品牌可以分享价值链功能的各种控制权；然而，在与消费者相关的功能（创造、创新、营销、配送和销售点）上，它们拥有绝对的控制权。如图 17-1 所示。

图 17-1　赢家的模式

第十八章
行业理念

为了避免本书中所描述的零售变化和应对原则仅仅停留在理论层面，我们现在来看一下零售行业内首席执行官的例子，他们正在努力应对不断变化的形势。

"转向实体化的电商品牌"

安迪·邓恩，Bonobos 首席执行官兼创始人

任何有关零售业未来的讨论，一定都会谈到 Bonobos——一家颇具远见的由线上转向实体的男装品牌，最近被沃尔玛收购了。

Bonobos 由首席执行官安迪·邓恩于 2007 年创立，该公司在网络上稳步增长，之后于 2011 年开设了第一家导购店铺（取名为"店铺"，而不是"商店"，是因为公司的库存较少，而处理库存往往会占据员工 60% 的时间）。这些导购店铺只有样品，不出售任何商品，消费者可以在网上完成购买。此后，Bonobos 与诺德斯特龙合作，创建了更传统的"店中店"零售模式，但邓恩表示，他不会停止创新。我们同他讨论了他对 Bonobos 和整个零售行业未来的展望。

引领潮流

当邓恩于 2007 年创办 Bonobos 时，他并不知道电子商务会如此迅速地颠覆传统零售业。

"如果你过去对我说，10 年内，传统的零售方式会出现危机，而我们会被证明有先见之明，我会告诉你，这比预期提前了。纵向看整个零售业，比如盖璞和 The Limited，品牌的商店结构太大了。因此，随着客流量的减少，品牌不得不精简人员、压缩规模。这些在实体店投资巨大的零售商会受到严重威胁。"

他说，他最初并没有想过要建立 Bonobos 的实体店。但该品牌现在已经拥有 21 家导购店铺，并计划在 2017 年年底增加到 34 家。

他说："只做电商的想法是错误的，因为我们发现线下销售是有前景的。我们希望成为一个逐渐转向实体化的电商品牌，而不是一个逐渐转向电子商务的实体品牌。我们希望提供规模小、经验丰富、拥有高亲密度的客户服务。到 2026 年，我们将有数百家没有实物库存的导购店，只有顾客和样品。"

他还谈到了为什么起名叫"导购店铺"："我们不想用商店来命名，因为它意味着'存储'，这不是我们想做的。让零售业举步维艰的三大挑战是租金、人员和库存。库存的资本密集程度最高，使其他两项处境更加艰难。减少库存可以使导购员把更多的精力和注意力放在顾客身上。"

Bonobos 与诺德斯特龙的合作与以往不同，使用了它的全部库存。邓恩表示，此举旨在帮助公司迅速实现规模经济。

"我们看了损益表，扩大导购店铺的规模仍需要时间，所以如果想让导购点在全国普及，谁能真正做到呢？诺德斯特龙显然是打造品牌和提供服务的理想合作伙伴。在诺德斯特龙，我们是牛仔裤和短裤销量最高的品牌，利用诺德斯特龙的优势，我们可以快速建立品牌，提高消费者意识，发展在线客户。但要确保各种模式的均衡发展。批发模式很好，但不能 80% 的业务都是批发。"

邓恩表示，Bonobos 只是众多数字原生品牌中的一员，这些零售商包括 Everlane、Pinrose、Casper 和 Dollar Shave Club 等。

他说："我已经投资了 15 个这样的品牌，实际上有几千个品牌正在起步，其中最大的已经达到一亿美元，大多数品牌的市值在 2 000 万到 5 000 万美元之间。这些数字原生品牌，连同亚马逊，将占据巨大的零售市场份额。"

赢在线下零售

尽管数字原生品牌和其他在线零售商增长迅速，但邓恩并不认为线下零售店会完全消失。

"我不认为电子商务的比例会占到90%，而线下零售占10%，除去倒闭的零售公司，线上和线下销售的比例应该各为50%。这是因为我们正在以一种荒谬的速度加速对这些类别的技术投资。2007年，我们是唯一一家数字原生品牌。如今，数字原生品牌的数量以每天5个的速度递增。"

所以，怎样能成为50%的赢家，而不是那50%的输家？邓恩认为，要从一个核心产品开始，然后过渡到更适合2026年之后的新组合渠道。

他说："这需要一个可以过渡的核心产品。你必须确定你的投资组合中哪些部分是有意义的。没有办法确定的，就要通过协商解决。不是每个人都能在有限的市场中分一杯羹。那些因过于依赖之前的模式而没有办法做出转变的零售商很可能会破产。需要弄清楚，究竟是渠道导向型企业、产品导向型企业，还是服务型企业。"

邓恩认为，强大的品牌会在最合适的时机做出转变。

他说："品牌建立得慢，消亡得也慢，因为人们对品牌产生了信任和忠诚。打造一个品牌需要10年的时间，这还只是开始。我担心的并不是与消费者有深厚联系的品牌，如L.L.Bean和巴塔哥尼亚，也不是像凯特·斯巴德这样拥有良好店面的品牌——这样的品牌有可能发展壮大。"

然而，对数字原生品牌来说，品牌更为重要——它必须强大到足以超越产品和渠道。

邓恩表示："数字原生品牌正日益成为一种体验，代表着优质的产品和服务。我们可以与消费者保持很好的关系。如果仅仅在服装上竞争，就太商业化了；如果添加了服务，就会受到消费者的喜爱。把两者垂直整合在一起，就是数字原生品牌如此强大的原因。"

在他看来，这些变化标志着零售业历史上最大的变革，没有预见到这一变革的零售商将被市场拒之门外。

他说："我们正处于一个百年巨变之中，企业和品牌的建立都是用智能手机和互联网参与市场；过去一百年来，我们一直围绕着汽车进行销售；在未来的一百年中，我们将用智能手机再度城市化。"

玩转未来

戴夫·布兰登，玩具反斗城首席执行官

许多首席执行官梦想着一个没有华尔街压力的世界。2015 年，应贝恩资本和 KKR 的要求，戴夫·布兰登出任玩具反斗城首席执行官一职，以改善这家零售商的业绩，并帮助其上市，就像布兰登在 2007 年对当时由贝恩控股的达美乐比萨所做的那样。当时，他正处于首席执行官 11 年任期的中期阶段。

到目前为止，布兰登对玩具反斗城的重整似乎正在奏效。继 2015 年同店销售额下降 2.3% 之后，该公司 2016 年第一季度出现了初步增长迹象，全球同店销售额增长 0.9%，国内同店销售额增长 0.1%。

布兰登告诉了我们，他从职业转型中学到了什么，以及他对零售业未来的看法。

前方暗流涌动

布兰登对传统实体零售商现在和未来面临的挑战有清醒的认识。

他说："我看到了三大问题：零售商和消费者一心盯着促销活动，促销的吸引力极为强大，没有人愿意用全价购买商品了，促销活动已经成为零售商的支柱，它正在降低利润率。与此同时，零售商正在与逐渐减少的客流量艰难斗争；千禧一代（或者是他们的下一代），不像他们的父辈那样注重品牌。"

布兰登很清楚这些问题意味着什么。

他表示："实体店的洗牌可能迟早会发生。想要获胜的商店必须提高每平方英尺的销售额，否则将会面临倒闭。"

商店现状

好商店和不好的商店的区别在什么地方呢？

布兰登说："如果使用得当，商店是一个很大的优势。拥有实体商店的电商往往销量更高，同时实体商店可以通过网上购买、在实体店提货或者从实体店发货来帮助扩大分销，更容易获得盈利。"

布兰登还说，商店可以提供一个强大的消费者接触点和连接点，帮助吸引消费者。比如，2016年10月，玩具反斗城举办了一场活动，邀请孩子们在商店里搭建乐高积木，然后孩子们可以把积木带回家。

他说："像迪克体育用品一样，成功的商店是由经验驱动的。它们会提供网上无法比拟的高水平客户服务。例如，顾客总是会从商店购买婴儿和儿童安全用品，比如婴儿床、高脚椅和儿童汽车座椅，于是店家可以更了解消费者，对这些产品进行测试，并确保它们是安全的。"

事实上，连锁店38%的销售额都来自婴儿用品。

产品和库存决策比以往任何时候都更重要。2005年假期期间，玩具反斗城以独家销售的《星球大战》系列产品作为卖点，大量生产（根据内部算法计算出的）畅销产品，以避免缺货。

布兰登表示，全渠道的模式给自身的库存和供应链带来了挑战。

"全渠道成功的关键是对供应链的管理，计划就是一切，计划和分配必须包含在供应链内部，因为它们的联系非常紧密。否则，财务预算方面就会出问题。"

当然，商店的位置和大小也很重要。当布兰登加入玩具反斗城的时候，该公司正准备关闭两个标志性的场所——FAO Schwarz 和曼哈顿的旗舰店。虽然这些决定是布兰登加入公司之前做出的，但他同意这一做法——尽管这两个地方销售强劲、客流量大，但其租金高昂，每年要花费公司 2 200 万美元。

他说，玩具反斗城正在曼哈顿寻找另一个小地方，面积可能在 743 平方米至 1 115 平方米之间，仿照其在中国成功运营的模式。

布兰登说："零售商要想在未来制定一个成功的房地产策略，必须做三件事。首先，缩小规模、租用小的商店。其次，确保所选的位置是在目标顾客周围。如果做到了前两件事，就可以对商店做一些营销活动，来吸引人们。"

寻找领导人

任何一位优秀的首席执行官都知道，领导力是零售商现在和未来面临的一个关键挑战。

布兰登说："我认为最难胜任的角色是首席数字官。很难找到一个拥有合适技能的人。"

认识到这一位置的重要性仅仅成功了一半。正如布兰登和许多其他零售业领袖所说，数字化正在重塑零售的未来，只有那些重塑自己的组织以适应全渠道世界，并将门店作为竞争优势的传统零售商才能在这种新环境中胜出。

折扣店的梦想

戴维·坎皮西，Big Lots 的首席执行官

低价渠道是零售行业增长最快的领域之一，Big Lots 是市场中扭亏为盈的成功案例。这一成就主要归功于首席执行官戴维·坎皮西。

截至 2016 年第一季度，Big Lots 同店销售额在连续 10 个季度下滑后，连续两年上升，2015 年，净利润在连续 4 年下降后有所改善。

坎皮西于 2013 年担任 Big Lots 的首席执行官，此前曾担任 RYU——一家面向城市运动员的服饰品牌和上市公司的董事长兼首席执行官。在此之前，他在科尔百货公司、弗雷德·迈耶百货公司和梅西百货公司担任高级采购一职，之后担任体育管理局主席、首席执行官和总裁。

坎皮西将 Big Lots 的扭亏为盈归功于对核心客户和员工的高度关注，他认为，对传统零售商来说，要想在 2026 年之后仍取得成功，这是必不可少的。

为詹妮弗服务

坎皮西将公司的注意力集中在核心消费者上：一个他起名为詹妮弗的女人。根据 Big Lots 的年度报告，詹妮弗是 Big Lots 忠

诚度计划中最常见的名字之一，她代表着公司的核心消费者。每一份报告和财报中都会提到詹妮弗数十次，"她想要什么？"已成为公司各部门、各层级员工最常问的问题。

"在 Big Lots 奉行的是消费者至上。我们所做的一切都是为詹妮弗服务，因此需要打破部门壁垒。IT 在商品销售和市场营销中起着至关重要的作用，可以把这些都汇报给同一个人。为了更好地为詹妮弗服务，我们要改变以前的做法。"

顾客至上的理念意味着詹妮弗的形象会随着时间的推移而改变，以适应公司不断变化的核心消费者群体。

坎皮西说："零售商必须了解他们的消费者，弄清楚千禧一代的购物偏好。我们的研究显示，我们的客户在 40 多岁的时候购买产品最多，所以当千禧一代达到这个年龄时，我们需要知道如何更好地为他们服务并与其建立联系，这样他们才会购买我们的产品。"

坎皮西额外强调了要确保公司所做的一切都能带来投资回报。

"对任何公司来说，测试和学习是如今最重要的事，要尝试新事物，但要确保它们有投资回报。电子商务就是一个例子，每个人都在试图弄清楚如何使其盈利。还有可以传输客户位置数据的 iBeacons——投资回报存在于较大的商店，而不是较小的商店。"

那么，这个美丽新世界对商店意味着什么呢？坎皮西对未来持乐观态度。

他说："商店不会消失，一些商店对消费者来说仍然至关重要。但是，成功的商店首先必须找到它们存在的理由，以及其应该扮演的角色。现在的商店大多千篇一律，这意味着零售商必须停止服务于所有类型的消费者。其次，它们需要重新获得领导权。我们开始管'商店经理'叫'店长'了，即使是这样小的事情也会产生影响。"

领导力

将商店经理重新塑造成商店的领导者，代表了坎皮西 2026 年及以后战略的一个重要部分：鼓励员工并赋予其权力。

他说："今天和未来成功的关键都在于领导力。到 2026 年，胜出者会是那些有能力开发出既新颖、又经过时间考验的领导模式的企业。"

坎皮西强烈提倡的一种新方法是：建立跨职能团队，打破部门壁垒。

他说："要想成功，你需要 4 个 'C'：好奇心、勇气、自信和持之以恒。我一直在团队中践行着这些价值观并激励我的员工。"

坎皮西收到了几十封来自现任员工的电子邮件，其中表达了与他共事的愉快和在 Big Lots 工作的成就感。他说，这是他在公司最自豪的一件事。

在吸引和留住人才方面，企业领导层和企业文化会越来越重要。根据 IBM 的一项研究，到 2050 年，千禧一代将占到美国劳动力的 50%，他们比老一辈更看重鼓舞人心的领导力等品质。[1]

千禧一代正在从内部和外部重塑零售行业，坎皮西已经准备好迎接挑战——知道千禧一代想要什么，并想办法让他们得到。

超越"长尾理论"

大卫·贾菲，Ascena 零售集团有限公司首席执行官

零售业目前面临的最大的一个难题是：即使新的数据科学和技术允许零售商为个人消费者定制个性化的产品、打造个性化的市场，他们应该这样做吗？

Ascena 零售集团有限公司首席执行官大卫·贾菲对量化零售模式有很多独到的见解。贾菲自 2002 年以来一直担任 Ascena 公司的首席执行官，在此之前，他曾在公司担任多个高级职位。

个性化

贾菲认为，为迎合少部分消费者群体而出现的小品牌将不会继续增长。还有别的选择吗？大规模定制。他说："随着市场变得越来越小，这些规模较小的互联网公司将很难找到足够多的客户。所以我认为这将是一个定制化的过程。以运动鞋为例，组件和材料完全相同，但改变它的颜色，或者添加贴纸、拉链和鞋带，

就会成为一个定制化的产品。埃迪·鲍尔公司曾寄给我一张节日贺卡，上面有一张定制轻便羽绒服的优惠券。我回到家，把它给了我儿子，他觉得很酷，他点了一下，界面中出现20种拉链颜色选项，还可以选择内衬和其他细节。这些都是非常基本的。在此基础上，它们还可以问你要不要口袋或兜帽，或者问你想要齐腰长还是更长。"

定制化的吸引力固然很大，但贾菲提醒零售商要确保它的成本效益。"如何让定制化为你的品牌加分？"贾菲问道，"定制化很有趣，但由于成本很高，最终它的规模会很小。如果我们给供应商的订单低于10万件，他们就不太愿意。尽管这些工厂正在试图做出调整，使其更灵活，以便更有效地完成更小的项目。也许人们愿意花更多的钱购买定制的产品。但有些个性化是需要市场营销的，需要一对一地与客户交谈来满足其需求。"

定制

除了个性化定制，贾菲和 Ascena 公司正努力在更高水平上提供更多产品，以增加转化率和客流量。这种策略借鉴了快时尚的经验：消费者平均每年会光顾17次知名快时尚品牌 Zara 店，而只会去其他零售店4次。

贾菲说："与其生产36件老海军蓝色polo衫，我更愿意只生产8件，然后下周生产天蓝色的或条纹式样的。这样顾客的服装可以更独特。老海军的款式很有限，受众比较窄，但很固定。

再比如 Maurice's 品牌，它针对的也是小型市场。我们采取的是'一英寸深，一英里宽'的小而精的策略。我们正在帮助客户定制他们的服装。"

让贾菲很欣赏的是 Stitch Fix，它在商店外实现了这种定制和管理。Stitch Fix 使用算法和 80 名数据科学家来选择产品并配送给客户。

贾菲说："如果你收到了一件自己喜欢的衣服，你会忘记它是全价的——就像有人送你一份礼物，然后花时间为你准备了一套衣服。"

贾菲认为这种"一英寸深，一英里宽"的方法将在整个行业中流行起来。他说："我认为商店将会变得更小，提供更广泛的服务。"几年前，史泰博将门店削减了一半，库存增加了一倍。现在他们不需要库存了，门店几乎成为一个目录陈列室。顾客来实体店看产品，然后在网上订购，就像 Bonobos 的模式一样。

投资回报

贾菲表示，对于销售决策，尤其是那些依赖于新技术的决策，最终考虑的是它们能否带来投资回报。"我们正在开发一种免排队的设备，在非常繁忙的时候，顾客可以不用排队，用手机结账。如果这种方法可以减少一个结账地点，让更多的员工抽出时间做其他事情，就会带来很好的投资回报。同时，我们正在努力将'网上购物，实体店提货'和'网上购物实体店预留'结合起来。我们允许用 Apple Pay 支付。尽管没人这样要求，但我们已经做好了准备。我们一只脚在旧世界，另一只脚已踏入了新世界。"

在实施这些改革方面，贾菲认为，行业当前的领导层能够胜任这项任务。

"我认为领导层的人非常聪明，"他说，"10~15 年前，这些人对互联网还一无所知。强大、聪明的领导者会带领人们学习新的技巧和知识。每一代都会有一个新的转变。这一代出现的新事物是互联网。下一代又会出现什么新的事物？有可能是三维增强现实营销吗？"无论是真实的还是虚拟的产品，对零售商来说，如果它没有带来显著的投资回报，那么就是没有意义的。

波动性：新的稳定性

哈维·坎特，Blue Nile 董事长、首席执行官兼总裁

谈到标新立异的、创新性的零售商和品牌，就不得不提 Blue Nile（蓝色尼罗河）。

这家在线钻石零售品牌最近刚刚进军实体店，哈维·坎特是 Blue Nile 的董事长、首席执行官兼总裁。坎特也是 Potbelly Sandwich Works 的董事会成员，他曾担任 Moosejaw Mountaineering 公司的首席执行官，还在 Michaels、Aaron Brothers 和 Eddie Bauer 公司担任高级领导职务。

持续的变革

在坎特的职业生涯中，他注意到一件事：不断的变化已经成为新的常态。"不断的变化关乎选择和波动性。这两个词语听起来不同，但我认为其实是一回事。当今世界的波动性几乎是可以预测的。波动性是一种新的稳定性。"

不稳定的环境导致了消费者（尤其是年轻消费者）的重大行为变化。坎特说："消费者每天都生活在动荡之中，股市动荡不安，而他们正在经历这一切。总体而言，到处都存在一定程度的不确定性，千禧一代的客户因此受到了影响。在他们看来，活在当下比活在未来重要得多。他们经历过的旅行比我多，体验也比我丰富。他们生活在一个动荡的世界里，那么你要围绕什么来创建一个企业呢？更高的质量？更少的东西？体验？这就是为什么现在市场中一边是廉价的产品，一边是高端产品，而中间部分的商品却消失了。"

在 Blue Nile，迎合这些不断变化的消费者意味着给他们更多的选择，简言之就是通过一个简单的方法来为他们提供指导。公司在 1999 年成立时仅通过网络提供服务，在为顾客提供购买钻石的咨询的同时，还能降低管理费用等成本。目前该公司正在开设实体店铺，旨在增加购买过程中的交互性和信息性。消费者可以在店中挑选几款镶有立方氧化锆的戒指，然后在顾问的帮助下进行选择和比较，之后在网上购买戒指和真正的钻石。

坎特说："消费者想要更多的选择，自己决定如何购买和买什么东西。Blue Nile 有一家实体店，但是店内不卖钻石。我们为消费者提供挑选钻石的建议和方法，然后让他们自己做出选择。这是一种更广泛的方式，使他们享受到了选择的独立性。"

这些模型商店是最新发展起来的。作为一个在线零售商，Blue Nile 在长岛罗斯福菲尔德购物中心的诺德斯特龙商店开设了一个小型的店中店，销售额超过了 100 万美元。基于店中店的成功，2015 年 6 月 5 日，该公司在罗斯福菲尔德购物中心开设了第一家门店，最近又相继在弗吉尼亚州的泰森斯角、俄勒冈州的波特兰、纽约的加登城和怀特普莱恩斯开设了 4 家门店。

他说："我们的研究发现，75% 的消费者会根据朋友和家人的推荐，来决定在哪里购买订婚钻戒。消费者不会在网上买钻石，因为他们看不见实物，也没法摸到、感受到它。只有不到 10% 的订婚戒指是在网上购买的。而我们的在线业务比例是 50%，该如何将线下客户转移到线上呢？"

Blue Nile 最初在实体店取得成功的原因之一，是店内体验和实体店完全不一样。事实上，他们不把它叫作"商店"，而称其为"网络商店"。这种模式将千禧一代直观的在线体验与店内环境融合在了一起。Blue Nile 的第一家店的环境比较舒适，25 平方米的销售空间只有 5~6 名员工。

坎特说："网络商店其实是数字体验的第二代，因为顾客实际上是在商店里的钻石首饰顾问的帮助下，在 iPad 或笔记本电脑上进行交易。这是一种非常强大的数字互动。同时，店内有一个可以创建 Meta 和其他社交媒体实时信息流的视频墙，用户可以发布图片。店内不使用现金交易，消费者的互动都是数字驱动的。如果用户在下午 4 点之前订货，大多数情况下，他们可以在第二天上午 10 点半前收到货物。"

主要变化

坎特认为，Blue Nile 和其他消费品公司想要在如今的零售环境中生存下来，关键是要培养领导力。他说："商界最大的挑战是领导力。出色的领导力不仅要有才能，还需要调动人们的积极性，激励人们，做决策，承担风险，并坦然面对失败。领导力需要找到平衡点，因为你不能每时每刻告诉员工应该去做什么。我认为，在很大程度上存在着领导力的真空。"

坎特表示，缺乏领导力会使公司很难做出重大决定，从而阻碍公司的进一步发展。在当今千变万化的环境中，波动就是新的稳定，因此伟大的领导者更加重要，它会成为区分成功零售企业和失败企业的关键。

越大越好吗？

肯·希克斯，Foot Locker 前首席执行官

如今零售业的普遍看法是，小商店更好——它们更适合快速发展的城市环境，更容易让时间紧迫的消费者快速找到自己所需

的商品。

但 Foot Locker 前首席执行官肯·希克斯对这一观点提出了质疑。希克斯于 2014 年年底退休，此前他曾带领 Foot Locker 实现了显著的收入增长和每平方英尺销售额增长。他也曾在杰西潘尼担任领导职务。

过渡阶段

对希克斯来说，零售业的转型不是什么新鲜事。"每个人都在谈论行业转型，但它其实一直在发生，"他说，"首先是夫妻店，然后是百货公司，然后是专卖店，再之后是折扣店，最后是大卖场。我们经历了很多转变，人们总是担心新事物会扼杀之前的一切。百货商店会替代夫妻店；大卖场会替代百货商店。零售业是一个不断转型的行业。我们所处的行业是不断发展和自我创新的，我们之前就已经见过很多次了。可能每次你都觉得你的生意经营不下去了。"

那么零售商将如何应对最新的这次转型呢？希克斯认为应该从关闭商店开始。他说："这种淘汰还没有达到应有的程度。我到 Foot Locker 的第一件事就是关闭了 600 家商店。这是一剂苦口的药，但为公司未来的增长奠定了基础。在我担任首席执行官期间，除了第一年，我们的店面每年都在减少，但面积在增加。"

空间概念

希克斯提倡数量更少、空间更大的商店，以增加客户体验。他说："我们正在打造更大更全的商店。最糟糕的事就是给零售商太多的空间。第二糟糕的事就是没有给零售商足够的空间。我们想让 Foot Locker 变成一个令人兴奋的购物场所，所以需要更大的面积。我们增加了更多的品类，比如篮球概念店、安德玛专卖店和阿迪达斯的 A 区。"

当然，有时空间太大也是一个问题。"杰西潘尼的问题正好相反，"他说，"它们的空间太大了，所以有时只能用质量不高的产品将其填满。"

对希克斯来说，最重要的是利用商店的空间营造一种诱人的氛围和体验。他说："在我们的新模式中，我们将最热门的鞋子放在玻璃橱窗里，在临近开学的时间，摆放在'返校必备'标志牌周围。如果人们不走进商店，我就没有机会卖掉我的商品。当商场里的孩子经过店铺，看到最新款的潮鞋时，他们就会走进商店。"

有主见的一代

希克斯对千禧一代不忠诚或对品牌漠不关心的观点提出了质疑。"他们忠于一个理念。如果耐克与他们的理念相符，他们就会忠于它。"

秘诀就是让千禧一代的人或其他客户认同品牌的理念。想要让品牌讲述自己的故事，往往需要削减库存和增加空间。希克斯说："当我接手 Foot Locker 时，那里的鞋墙有七八排高，并且从店的前面一直排到后面。顾客怎么能知道哪些是重点款，哪些是最新款？如果你去我们的新店，会发现我们已经减少了每一面墙上的鞋子数量。我们会将爆款鞋放在陈列柜中，还会在商店周围摆放一些附属品，比如在儿童店铺内放置一些玩具。我们还用孩子们的鞋子搭了一个金字塔，这样他们就可以把鞋子拿走然后爬上固定架。我希望我的顾客走进我们的'篮球概念店'时，感觉自己就像迈克尔·乔丹。这些方法奏效了，我们每平方英尺的销售额从 300 美元涨到了 600 美元。"

良性竞争

良好的顾客体验和服务使 Foot Locker 避免了与其他竞相降价的零售商在价格上竞争。希克斯说："我们甚至会帮顾客测量脚的尺寸。品牌一定要有竞争力，但不必成为价格最低的选择。"

事实上，希克斯并不把品牌合作伙伴当作竞争对手，即使它们的店就开在自己隔壁。他说："只要耐克在我们所在的商场开设门店，我们的销售额就会上升。我们的品类更丰富，包括耐克专为我们设计的鞋子。耐克品牌顾客的平均年龄在 35 岁以上，而我们的顾客平均年龄在 25 岁左右——正处在会购买更多运动鞋的年龄。"

希克斯说，从杰西潘尼远离核心客户，而与其他零售商在其非核心领域竞争的那一刻起，它就陷入了困境。"杰西潘尼之前对消费者的意义要深远得多。亚利桑那州和圣约翰湾的生意价值10亿美元。我们努力打造品牌，但也了解自己的边界。在杰西潘尼，一位青年男装部的采购员说，我们需要提高品牌的性感程度，因为我们快要输给阿伯克龙比了。但我告诉他，我们是第二大青少年服装零售商。我们的受众不是16岁以上的人，我们卖的不是专门在周六晚上穿的衣服，而是从周一到周五在学校上课时穿的衣服。我们不想成为阿伯克龙比。当杰西潘尼这样做的时候，他们陷入了麻烦。你打算把百货公司变成什么样子？难道要把灯光调暗，让一个模特模样的人光着膀子站在旁边？"

人才缺口

希克斯认为，由于缺乏创新领袖，零售业会举步维艰。他认为，有能力的年轻人没有得到发展的机会。"其中一个问题是年轻的领导者没有机会。领导能力是一种后天学得的技能。大多数人都在职业生涯的后期成为领导者，所以他们并不是十分精通。领导力对一个公司至关重要。当我告诉董事会我要离开时，他们说：'不，你不能离开，公司一切都很好。'我说，这就是我想离开的原因——我想当引擎还在运转，车里还有汽油的时候，把钥匙交给迪克·约翰逊。"

现代的集市

迈克·古尔德，布鲁明戴尔百货公司前首席执行官兼董事长

人们很容易对如今实体零售商的状况持悲观态度，或者至少对它们的未来很谨慎。但迈克·古尔德是个乐观主义者，他认为商店的未来会很好。

古尔德曾在布鲁明戴尔百货担任首席执行官兼董事长20多年，他认为现代商店是一种社会传统的延伸，一直可以追溯到古希腊的集市时代。他说："我相信，购物和零售自希腊时代以来就一直存在。人们去市中心不仅仅是为了买卖商品，而因为这是一种社会互动。"

在古尔德看来，只要商店能给人们带来社交和感官上的联系，它们就不会很快消失。他说："到2026年，商店需要成为一种社会互动。也许亚马逊和其他电商公司能够弄明白如何让人们通过屏幕触摸感知到产品，并与其他消费者交谈。否则的话，人们会去商店，因为商店中有触觉、视觉、听觉、嗅觉、氛围和人际互动。我们的生活就是人与人之间的互动。我们想要连接。"

古尔德还说，商店应该把重点放在让消费者感到特别和被认可上。他指出，整个纽约市他最喜欢的餐厅是一家工作人员能叫得出他名字的餐厅。成功的零售商还需要创造娱乐性和教育性，并让顾客参与其中，从而创造出至关重要的人际互动。

百货商店里的娱乐活动由来已久。事实上，早在19世纪，

第一家百货公司就开始提供娱乐和体验。百货公司是怎么出现的呢？他说："哈得孙湾是一个贸易站。Filene's 和 Lazarus 一开始是小贩的推车，后来变成了固定场所，成为一间小屋，然后变成了一家家庭商店，之后又增加了餐厅和圣诞展示活动。"

古尔德认为，许多现代商店已经失去了这种个人关注。他说，让如今的百货公司感到苦恼的，并不是客流量低，而是怎样将客流量转化为销售额。"对我来说，与纽约列克星敦大道上的小商店相比，今天百货公司的客流量大得惊人。我们怎样将这些人流吸引过来呢？如果在商场的低楼层设置美食汇，该如何吸引人们上楼？如果人们喜欢食品品牌，又该如何吸引人们体验商店的其他部分呢？"

古尔德认为，如果零售商能够回答这些问题，尤其是解决人们的体验问题，就有可能在 2026 年取得成功。

我来款待你

明迪·格罗斯曼，HSN 前首席执行官（现任慧俪轻体首席执行官）

如今的零售商痴迷于击败竞争对手，它们将竞争对手定义为其他零售商和纯粹的电子商务初创企业。但这是一个狭隘的观点。你的竞争对手不一定是零售商。任何能促使消费者花费时间和金钱的事物都是你的竞争对手。最重要的是，销售和品牌参与度之间的界限日益模糊。

HSN 前首席执行官明迪·格罗斯曼是一个有远见的人，她把赌注押在了内容提供商和零售商上，从而走在了潮流的前面。格罗斯曼自 2008 年以来一直担任 HSN 的首席执行官，并在美国商务部数字经济顾问委员会任职。她在汤米·希尔费格、拉夫·劳伦和耐克公司担任过领导职务，还是全国零售联合会的主席。

库存过多

格罗斯曼对当今零售商的看法是，库存和商店太多，这只能怪他们自己。"人们把针留在手臂上的时间太久了，"她说，"零售商有它们的常规业务和直销业务，所以正在变得商品化和无处不在。消费者并不傻。服装行业库存过剩，在竞争激烈的市场上品牌随处可见。"

然而，格罗斯曼并不认为商店应该消失。事实上，HSN 正在冒险进军实体世界，Ballard Designs 和 Frontgate 品牌正在开设门店。但她采取的模式很现代化，用手机作为购物工具，帮助商店取得成功。

她说："一切都必须从移动的角度出发，零售商不能以平台为中心，而要以消费者为中心，设身处地为他们着想，由消费者决定何时、何地以及以何种方式进行交易。如果你认为数字商务的比例不会增加，商店的角色会改变，就太傻了。我认为现在的问题是，商店和库存过多。"

竞争

为什么零售商必须无处不在？因为他们的竞争对手无孔不入。格罗斯曼并不认为其他零售商是唯一的竞争对手，她的思虑更加周全。

"我们过去认为竞争是纵向的，但现在与我们竞争的是消费者的最后一次体验，"她说，"如果有人刚刚用优步打了车，他会拿你和优步的体验做比较，而不是拿你和他上一次的购物体验做比较。我认为媒体业和娱乐业也是竞争对手，因为它们与我们一起争夺客户的时间和金钱。"

娱乐性内容

进军零售娱乐界，这是格罗斯曼和 HSN 全心秉持的理念。她说："我们想参与互动，教育、激励消费者，为他们提供娱乐。我们通过内容来实现这一点。我们的电子业务之所以如此强大，是因为我们可以展示互联家庭是什么，以及它是如何工作的。我们可以向客户展示产品的生态系统，并随时随地创建他们想要与之交互的数字内容。"

这种内容创造的想法超越了支持销售特定产品的教育内容。在消费者决定将产品加入购物车之前，"内容"就已经开始宣传 HSN 品牌了。格罗斯曼说："我们与温迪·威廉姆斯有业务往来。她和她的丈夫拥有一档全国脱口秀节目，这并不矛盾。她还拥有 Wendy Williams.com 网站，那我们为什么不把自己的产品放在她的网站上呢？因此，我们在自己的平台之外也运营着另一个商业网络。我们还与 Univision 达成了协议——由 Univision 出品，HSN 制作。我们在 Meta 上做直播，也在使用三星 LG 的应用程序。我们的视频可以在 Roku、Tivo、Hulu 和 Apple TV 上观看，其中 Roku 上有 3 个频道是我们的。"

想象与现实的差距

当谈到实际实施这些想法的挑战，以及构思下一步更重要的战略时，格罗斯曼不确定零售界是否有能够胜任的领导者。她说："目前有 580 万个零售岗位空缺，没有足够的人才来就职。"这种情况并非零售业独有。格罗斯曼提到，就算洛克希德·马丁公司每年聘用该领域的所有毕业生，也无法填补数据科学家职位的空缺。

在格罗斯曼看来，怎样才能成为一个好的领导者呢？她说："领导者应该勇敢、坚韧、敏捷和有好奇心。我不在乎你生活在哪个时代，但你要具备能够激发灵感、传达愿景并付诸实践的领导力。除此之外，还要具备敏捷性、承担战略风险的能力和永不停息的好奇心。我不认为对敏捷的需求比以往任何时候都更有必要。要想成为数字公司，领导者需要改变企业文化，进一步培养企业家精神。公司需要一个能够移动且有结构的学习环境，企业文化中应允许风险的存在。人们需要进行尝试，如果注定要失败，那就尽可能快地、低成本地失败。"

快速、低成本失败的心态听起来就像是初创企业的做法。考虑到格罗斯曼以数字和移动支付为重点，追求丰富内容的理念，她认为未来的零售商更像是一本"生活方式杂志"，而不是一个"大盒子"，这并不奇怪。

正在进行的转型

埃里克·怀斯曼，威富公司前首席执行官

威富公司的前首席执行官埃里克·怀斯曼说："随着时间的推移，最终生意兴隆的公司往往都是那些善于改变的。在转型方面有基础和经验的公司，更容易顺利渡过下一次转型期。"

理论上听起来不错，但是说起来容易做起来难。作为零售业最具创新力公司的负责人，怀斯曼向我们介绍了他对未来的展望，以及威富正在如何努力解决这一问题。

怀斯曼在威富担任领导职务已经有 20 多年了，还在劳氏、信诺的董事会和零售行业领袖协会任职。

预期的转变

做好准备。对于任何重大的转变，首先要认识和理解它。这就是为什么威富在 2015 年年初启动了一项名为"未来购物"的内部计划。

怀斯曼说："每隔 6 个月，我们就会与各大品牌的运营商一起，向他们通报我们所看到的大趋势，他们可能会提出不同观点或指出我们的错误，因为形势瞬息万变。当我们刚开始这样做时，我们的目标是制订一个 2020 年的计划，这需要对 2020 年的世界有一个宏观的认识。"

当然，未来是很难预测的，但一直站在潮流的最顶端可以避免必须追赶未来。如果从各个领域和学科观察这些趋势，并把它们联系就来，就有机会领先于这些转变。威富计划中的一个重大预测已显而易见。怀斯曼说："这一切的结果是，消费者现在完全掌握了主动权，如果为他们提供了美妙的体验，他们就会喜欢你。"

他认为，体验不仅仅是人们在网上或商店里如何与你的产品互动，还包括人们如何系统地体验和思考你的品牌。这关乎员工怎样传递品牌精神。为此，威富在企业社会责任和可持续发展方面下了很大功夫。

怀斯曼说："在孟加拉国，我们正在向无法获得药品的贫困村庄运送医疗车。我们认为，如果我们在那里有一家工厂，即使我们只使用工厂的 20%，那里的人们和他们的家人也有权得到医疗照顾。我们还为没有水井的社区挖井……我们做着很多类似的事情。我们有什么理由不这么做呢？"

屹立不倒

毫无疑问，当今的竞争十分激烈，领导者需要新的技能和思维模式，既要灵活又要有远见。威富已经建立了一个竞争战略矩阵，以帮助其在全球市场蓬勃发展。

1. 不断测试。

怀斯曼表示，公司的增长在一定程度上得益于人们愿意尝试新事物。他说："9 年前，我们在全球范围内从事电子商务业务的收入是 700 万美元，而现在的收入是 7 亿美元。过去，威富内部有人说，我们的目标是成为有史以来最大的批发商，没有开零售店的计划。我很庆幸我们开设了零售店，现在我们在世界各地有 1 500 家商店。这样做需要思虑周全、灵活应对，并且不断进行测试。只有不断向前看、不断探索的公司，才能取得胜利，仅仅坐在办公室看上周的销售报告是不行的。"

2. 鼓励创新并从公司外获得灵感。

保持好奇心和开放的心态可以避免受限于自己的想法。怀斯曼鼓励威富的领导者从公司外部寻找新想法，他们的外部研究和观察将被纳入他们的年度绩效评估。"如果你的公司能在智慧和经验与新声音之间找到合适的平衡点，情况就会好起来。必须确保那些资历深厚的领导者可以经常接触到新事物。"

3. 保持敏捷。

怀斯曼指出，最近在优兔上发布的"酷酷的丹尼尔"视频中，丹尼尔和他的白色 Vans 运动鞋在网上迅速走红，威富也因此受益颇丰。他说："这段视频在优兔上疯传，点击量达 3 000 万次。同一周，他们还上了艾伦·德杰尼勒斯的节目。我们的社交媒体工作人员听闻后，立即在 Vans 网站的主页放上白色 Vans 运动鞋。在《艾伦秀》中，喜欢 Vans 的丹尼尔获得了终身的 Vans 鞋子供应。我们能够迅速采取行动。"威富抓住这一关键时刻，迅速动员起来，让品牌现有的粉丝通过分享病毒式传播的内容来招募其他人，威富的媒体、营销和公关工作十分出色。

4. 创建城市化商店。

自 21 世纪初以来，美国最大的 50 个城市的人口增长率比全国其他城市高两倍。我们估计，这些城市居民的收入也比农村居民高出 20%。怀斯曼指出，要吸引这个不断增长、日益富裕的群体，需要一种不同的店内体验。"我们去年在伦敦开了一家 Eastpak 快闪店，店里没有摆放实物商品。消费者可以在墙上看到产品，随手就能碰到 iPad。消费者可以订购，并且第二天就能送货上门。该模式是一家小型商店，为城市居民提供了简化的购物选择。我们如何处理特大城市的情况？我们看到的情况是，每个社区都是不同的，所以未来可能会为当地社区定制更小的商店。"

5. 找到自己的定位。

怀斯曼认为，试图成为下一个亚马逊，或者仅仅在速度或价格上竞争都是徒劳的。"如果你想要的是快速完成订单，那么亚马逊基本上已经做到了，"他说，"亚马逊没有做到的是成就感和体验的结合。如果你能让顾客在两天内拿到添柏岚靴子，获得网购的优惠券，同时获得故事性的体验，了解鞋子的制作过程、耐穿性背后的原因，以及它们的用途，这难道不是一个未来可行的途径吗？"

6. 放眼全球。

威富正在中国等新兴市场大举投资。怀斯曼说："我们正在努力研究技术将如何壮大中国的中产阶层，以及如何让他们购买我们的产品。能够带动可自由支配收入增长的巨大收入泡沫还没有出现，但它将在未来 5~10 年内出现。中国工资水平的上涨使越来越多的人正在成为中产阶层消费者。我们的目标是让他们渴望购买我们的产品，即使他们现在买不起，我们也会继续与他们保持联系，这样当他们以后买得起的时候就会购买。"

7. 创建社区。

怀斯曼认为，一个好的体验不仅关乎产品，还包括建立一个人们可以互动的社区。这就是 Vans 之家背后的想法，它是一个新的商店概念，建在伦敦滑铁卢火车站下的 5 条旧铁路隧道里。他说："这个品牌是关于青年的文化和创意的表达，所以我们设立了一个艺术家画廊，艺术家可以来这里创造、悬挂和出售艺术品。当然还包括服装艺术，里面有 CAD 机器，可以设计和打印 T 恤。其中有一条隧道被改造成了电影院，在那里放映电影。另一个是啤酒酒吧，供应啤酒和汉堡。还有两条隧道被改造成了伦敦唯一的室内溜冰场。墙像碗一样呈拱形，可以直接滑进去。最后一条隧道被改造成了一个可容纳 800~900 人的表演空间，可随时供乐队演奏。美国著名老牌摇滚乐队喷火战机在这里举办过一场免费的音乐会，因为他们喜欢我们为这座城市的年轻人所做的一切。"

如果高管们没有开放的思想，无法理解变革，就会觉得变革很可怕。怀斯曼和威富的团队正在重新定义领导力、创造力和创新，以在当今飞速发展的文化中保持重要地位和价值。当今领导者要想取得成功，就要通过跨学科的视角来看待业务，理解整体运营一个组织的价值。怀斯曼将威富提升到了一个全新的水平，并日复一日地进行创新。

利用大数据做出的小决策

米歇尔·兰姆，True&Co.（现为 PVH 子公司）首席执行官

在现代零售业中，人们谈论最多的概念或许是大数据。每个品牌都希望利用分析来增进对消费者的理解，做出更明智的决策，推动业务发展。

True&Co 是零售领域的领导者之一。该公司正在利用大数据来解决最私人的、通常也是最令人沮丧的流程——买内衣。True&Co 主要在网上开展业务，不过在其流动试衣间大获成功之后，启动了一系列线下活动，比如纸质印刷目录和试穿快闪店。已经有超过 500 万名女性在它的网站上做过详细的测试，来帮助自己找到合适的内衣。随着参加测试的女性越来越多，算法也会不断变化，这将有助于引导顾客购买合适的产品，并为未来的新产品开发提供信息。

我们采访了 True&Co 的首席执行官兼创始人米歇尔·兰姆。在创办 True&Co 之前,她是贝恩资本旗下风投部门首位女性投资人,其间她参与了多家公司的投资,其中包括领英。此前,她还曾供职于微软、波士顿咨询集团和普华永道,利用大数据来改变流程。

创业成功的因素

兰姆确信,像 True&Co 这样的创新型初创企业之所以能快速发展,原因在于现有的产品和消费者真正想要的产品之间有巨大差距。造成这种情况的主要原因是生产系统通过标准化来降低成本和提高效率,但并没有考虑到客户需求的多样化。

兰姆说:"实体供应链缺乏创新的动力,它更注重规模、一致性和成本。大多数品牌会向工厂传达产品概念,然后基于自己的分级体系和之前的生产运行,做出相应的调整。但这种做法对吗?大多数情况下,顾客没有得到自己真正想要的东西,尤其是在一个追求个性化的世界里。千禧一代不喜欢因'维多利亚的秘密'而大为流行的聚拢内衣。他们的审美已经发生了改变。我们发现,对三分之二的女性来说,传统的全罩杯并不适用,因为她们的身材不同。"

兰姆认为,消费品和服装领域的成功创新体现在四个关键方面:在至少一个关键方面进行简单的产品改进、引人注目的单位经济效益、吸引人的品类特征,以及重新设计供应链。

这些就是兰姆正在做的事情。True&Co 公司的商业模式是基于分析，不仅确定消费者的需求，还要将这些想法融入产品的开发过程，以确保品牌能够生产出符合消费者需求的产品。

"数据是颗粒状的，生产是大规模的，"兰姆说，"尽早让供应链参与进来并尽可能地拖延商品化进程，确保拥有更多的灵活性，这一点至关重要。当你制作一个定制产品时，你可以确定它最适合你的客户。但当你为更大的客户群体制作产品时，往往需要做出让步。可能有非常多的操作上的妥协阻碍你生产出客户想要的产品。工厂想要控制面料、控制生产过程的复杂性、控制产品的大小和数量……最终结果就是，客户没有得到他们想要的东西。解决方案是与供应链中的合作伙伴合作，以去除这些限制。在 True&Co，我们从客户那里收集大量反馈数据，据此来发现工厂的生产错误，这是我们生产模式的一个环节。"

兰姆表示，初创企业的目标是在至少一个高度分化的属性上创造客户价值，并以此为基础建立业务。对 True&Co 来说，入手点就是那个可以迅速帮助顾客匹配产品的测试——这也是为什么该公司的回报率比行业平均水平低 50%。测试是由兰姆在家中开发的，后来被亚马逊和维多利亚的秘密等公司借用了。

兰姆说："我买了几百件内衣，并邀请尽可能多的女性参加纸质测试和试穿内衣，然后根据她们的测验答案做数学运算。通过她们的反馈，我能够了解到女性想要被问到什么样的问题（主要是与自己的身体相关的重要问题），后来做出了 True&Co.'s 的测试。"

但这只是第一步。下一个障碍是业务的增长。数字渠道的传播使得早期试用人数达到一定规模并非难事，难的是吸引下一波客户。许多初创企业学到的另一个教训是，早期试用者往往并不是它们的核心客户——在旧金山和纽约等城市获得成功，并不意味着在其他城市也能获得成功。

正如兰姆所说，重要的是有吸引人的品类特征。

她说："我们的内衣卖得好，是因为有一个很高的初始订单价值、忠实的客户以及利用数据帮助顾客匹配产品的能力。我们的目标是让65%的自有品牌的独特产品完全符合客户的偏好，其余的产品也能卖出去，而且在一定程度上满足顾客的需要。"

强大的品类动态有利于像Casper这样的企业，它服务的品类（床垫）具有更高的初始订单价值，客户对传统的购买周期（在一段时间内无法在家尝试床垫）非常失望。而对其他初创企业来说，给予客户终身价值的理念推动了融资和估值，但没有一家初创企业能够确定其客户在3~5年后仍会购买其产品。由于从谷歌和Meta等数字渠道获得新客户的成本越来越高，许多数字原生品牌正在开设门店，以获得更多客户。

这不可避免地产生了一个"创新缺口"：小公司如何成长？大公司如何吸引有创意和想法的人才？

兰姆认为，大公司可以和初创企业合作，以满足客户日益增长的个性化需求，并且更快地接触到更多客户。

她说："我们正在了解客户的需求，通过设计新的供应链和投放市场的模式来交付新产品。未来在于该如何利用现有资产。"

我们相信 True&Co 会持续增长，兰姆将继续使用先进的分析等新工具来改造传统供应链等旧系统，并通过展示从消费者开始重新设想行业可以使什么成为可能，不仅为客户带来好处，而且为整个行业带来好处。

在数字时代打造颠覆性品牌

杰里米·刘，光速创投公司合伙人

每个零售商都一次又一次地听说，有无数的初创企业正在争夺他们的业务和客户。但知道哪些品牌会成功、哪些会失败是另一回事。弄清楚这一点可以帮助各种年龄、形态和规模的公司了解如何在数字时代打造一个成功的品牌。

光速创投公司的合伙人杰里米·刘对如何创建一家成功的初创企业有一些自己的看法。自 2006 年以来，他一直在该公司工作，主要投资面向消费者的移动在线公司。在此之前，他曾在美国在线公司和网景公司担任数个领导职位，帮助塑造了早期的互联网。

初创企业的挑战

我们的采访开始于对当今初创企业面临的竞争挑战的讨论。

杰里米·刘说："初创企业永远不可能战胜老牌企业。刚开始的时候，它们没有规模，没有品牌，也没有分销渠道。机会是巨大的。初创企业拥有的是速度和快速反应的能力，但速度只有在环境发生变化时才重要。"

当然，零售环境无疑正在发生变化，这是初创企业挑战传统竞争对手的黄金时机。消费者的需求每天都在变化，这使得速度和灵活性成为初创企业的巨大优势。

"当商业环境发生变化时，初创企业确实能够从中受益，"他说，"首先是消费者偏好发生了重大转变。转向有机食品就是一个很好的例子，比如杰西卡·阿尔芭的消费品公司 Honest 在这种环境下得以快速壮大。她在该领域的真实性和已经建立的关系网，使她能够迅速发展自己的品牌，并有别于那些没有信誉的大型消费品包装公司。"

阿尔芭在怀孕期间寻找无毒产品的经历让她很沮丧，2011年，她与人合伙创建了 Honest 公司，这段经历让她立刻获得了消费者的信任。该公司瞄准了父母对传统含有化学物质的婴儿清洁和个人护理产品的担忧，实现了显著的销售增长——从第一年的 1 000 万美元增长到 2015 年的 17 亿美元估值。如今，该公司75% 的收入仍然来自在线销售（尽管其产品在精品店、塔吉特百货、开市客等商店有售），其中很大一部分来自顾客每月购买的纸尿裤和湿巾。

杰里米·刘认为，这种真实性至关重要，因为它有助于避免商品化。

他说："你必须不惜一切代价避免与亚马逊竞争，它是一个冷酷的竞争对手，而且一定会赢。与一个拥有多品牌、在价格和便利性上占很大优势的平台竞争，无疑是一种失败的策略。"

可感知的变化

我们继续讨论他的观点，即不断变化的环境为初创企业提供了机会，杰里米·刘帮助我们确定了正在重塑零售业的一些其他转变。

首先，他以在线珠宝品牌 Stella & Dot 为例，讨论了分销模式的变化。Stella & Dot 创建于经济大萧条时期，通过让品牌的消费者和粉丝举办大型时装秀和珠宝派对，或者作为品牌设计师在家工作，为品牌带来了真实感和社交联系。

"Stella & Dot 使用了多层次营销。（在经济衰退期间）人们希望以这种方式工作，也想进行消费，"他说道，"现在这种情况很少出现，但分销渠道的变化为初创企业提供了机会。"

杰里米·刘表示，初创公司可以利用的另一个重大变化是客户获取成本的突然转变。

他说："比如，当 Meta 还处在早期阶段时，这种情况就发生了。传统的市场营销忽略了这一点，获客渠道也被错误地定了价。因此，高朋、Gilt Groupe 和许多游戏公司都以非常低的成本实现了规模经济。现在由于老牌企业占据了主导地位，这种情况已经不复存在了。"

谈到 Meta，杰里米·刘表示，不同的在线营销渠道可以创造不同的机会，这取决于品牌和类别。

"人们玩 Meta 是因为那里有很多新鲜有趣的信息，"他说，"但在谷歌上获得客户不同，因为他们是有意图的——在寻找一个特定的东西。在这种环境下，Lending Tree、Expedia 等初创企业成长了起来，保险产品也很热销——这些都是事先考虑过的购买行为。现在情况又发生了变化，有更多的'社会有机'方式来吸引客户，比如照片墙，它更多的是关于使命和事业。"

在吸引客户和传递正面的品牌形象方面，杰里米·刘举了多芬的例子。多芬的广告视频展示了各种体型和身材的真实女性，而不是仅仅拍摄模特，因此与顾客建立了情感的联系和共鸣。

考虑到这些不断的变化，杰里米·刘如何看待消费者创业领域的未来呢？这对那些守旧的人意味着什么？

他说："现在所有的初创企业都意识到了全渠道的重要性。品牌必须垂直整合。数字原生品牌的优势在于，可以很快地知道什么产品更受欢迎。能够利用数据也是一种优势，比如 Stitch Fix。你必须利用新的社交渠道来吸引眼球，像格温妮丝·帕特洛这样具有真实个性的人可以迅速引领企业的发展。在打造一个品牌时，你必须知道自己代表什么、不代表什么。"

改变：零售业中永恒不变的主题

杰里·斯托奇，哈得孙湾公司首席执行官

对斯托奇来说，零售业的变化并不意味着天要塌下来了。事实上，斯托奇说，变革一直是零售业的一部分，尽管如今的零售环境面临独特的挑战，但成功的要素并没有像许多人担心的那样发生巨大变化。

斯托奇在行业的变化分析方面很有经验。他是哈得孙湾公司的首席执行官，负责哈得孙湾、Lord & Taylor、Saks Fifth Avenue、Saks OFF 5th、Home Outfitters 和 HBC Digital。斯托奇在该行业有着传奇的职业生涯，曾担任玩具反斗城的董事长兼首席执行官、塔吉特的董事长和其他许多高级职位。

根据斯托奇过往的经历，他说唯一不变的就是变化。

"我们不认为世界在 2015 年发生了改变，"他说，"世界的确在变化，但它每年都在变化——不只是在那一刻发生了变化。"

但如今的零售环境需要考虑一些新的因素，比如全渠道。他认为，许多零售商对全渠道的看法过于狭隘。

他说："零售模式将演变成一个多层面的模式——不会是一种方式或另一种方式。人们太专注于几个方面，但实际上有至少上百种不同的决定因素，取决于客户在哪里、产品是什么、产品在哪里，以及客户希望在哪里收到产品。可能的选择很广泛。"

斯托奇认为互联网零售商没有内在的竞争优势，这意味着它们无法在 2026 年成为零售业的佼佼者。

他说："不存在互联网独有的优势。唯一一个在互联网领域有机会获胜的是亚马逊，如果它赢了，并不是因为它的送货上门服务做得好，而是因为它非常擅长与顾客建立亲密关系。它们仍然运营着非常昂贵的供应链。既然有这么多配送中心，还不如经营门店呢。"

斯托奇认为，无论渠道如何，互联网零售商与其他零售商有一个共同点，那就是难以提供一流的客户体验。在这方面，零售业一直没有发生变化。

他说："如果你想要保持新鲜感和兴奋感，就一定要为消费者提供体验。这不是什么新鲜的想法。没有人愿意穿着短裤坐在家里网购，那是书呆子式的世界观。人们想出去做事，但必须做值得的事情。"

他表示，如果实体零售能够采取"体验胜过一切"的理念，将会获得巨额利润。引人注目的体验甚至可以拯救一个百货商店，这就是他目前在哈得孙湾公司所做的事情。

"当我们去加拿大时，有人告诉我们，人们不再喜欢百货公司了。我观察过哈得孙湾，里面的一些商店真的很差劲。理查德·贝克（哈得孙湾的执行董事长）和他的团队投入一些资金后，这些商店每个月都在好转——无论经济形势好坏。事实证明，人们并不讨厌百货公司，他们讨厌的是糟糕的百货公司。他们想要好的百货公司。当有东西可看、有事情可做、可体验的时候，人们会很愿意回到百货公司。这不是什么新鲜事。人们向来喜欢百货商店。"

当然，要想让哈得孙湾的顾客重新产生兴趣，就必须进行投资，翻新老的门店，并实施技术改进。斯托奇说，投资对于获胜至关重要。

他说："我们在财报电话会议中宣布，将花费 7.5 亿美元到

8.5 亿美元的资金来翻修店面。这对我们公司来说是一笔巨款，但我们把那些被忽视的建筑改造得非常棒。另外，我们也在投资技术。我们将比任何人都更有成就感。人们害怕不花钱，所以他们保证自己会失败。"

展望未来，斯托奇认为零售业中永恒不变的主题就是变化。然而，他并不像许多业内人士那样担心千禧一代的影响。

他说："有人说千禧一代是导致过去 6 个月购物行为发生变化的原因，这是一派胡言。千禧一代不是造成这种变化的原因。他们的年龄范围是 18~34 岁。难道这些人突然都发生了改变？2015 年我们的业务发生了一些变化，但这并不是因为千禧一代。35 岁到 55 岁的人也发生了一些变化。"

毕竟，千禧一代是美国最大的年龄群体，将他们当作一个同质群体来看待未免太过狭隘。斯托奇认为，千禧一代的许多特点，比如对大品牌的不信任和更重视体验，实际上是更大的社会层面的变化。

不管是哪个人口群体推动了这一变化，它都会一直持续下去。斯托奇认为，无论未来怎样变化，专注于提供特殊的客户体验的零售商都更易获得成功。

奢侈品的未来

卡伦·卡茨，内曼·马库斯首席执行官

奢侈品是零售业最常被讨论的话题之一，一些业内人士最近开始对其未来表示怀疑，称消费者对品牌的忠诚度和对奢侈品的痴迷程度正在下降。

但内曼·马库斯的首席执行官卡伦·卡茨相信，她的公司和行业将会很好地生存下去。在成为首席执行官之前，她曾担任该公司的市场营销、战略和业务发展执行副总裁，以及其他许多领导职务。

卡茨和我们讨论了奢侈品行业的未来、零售行业各方面面临的巨大变化，以及如何构建未来的组织结构。

变革大师

与我们采访过的其他一些经验丰富的领导者不同，卡茨认为零售业正处在一个真正的革命性转型之中，这个转型将会持续多年。

卡茨说："由于需要进行大量的转型，加上对未来的预期变化（目前尚不清楚），该行业几乎陷入了混乱。这一切发生得非常快，既是挑战，也是机遇……让领导团队能够从三维的角度考虑这些变化，三维即今天的客户、产品和参与度，近期的目标和10年后的发展趋势。我们需要把一只手放在方向盘上，专注于今天和明天，但我们也必须关注未来，专注于我们今天学到的东西，这些东西可能在10年后仍然适用。"

尽管发生了这些令人眼花缭乱的变化，卡茨相信内曼·马库斯和其他零售商仍然可以通过关注核心消费者来获得成功。

她说："顾客期望我们站在他们的角度上，考虑他们对服务、定价和体验的看法，然后找出如何以一种技术上合理、数字化方便、真正提供服务的方式来提供服务。"

展望奢侈品的未来

卡茨提到了一些影响奢侈品行业的重大变化，先来看看她说的"运动休闲现象"。

她说："我认为，人们仍在努力追求一种更加休闲的生活方式，即便那些购买最好的产品的顾客也是如此。我觉得我们刚刚触及这种休闲奢侈品的表面，这种趋势会继续增长。举个例子，我们正在以疯狂的价格销售男士运动鞋，处于奢侈休闲装的第一或第二阶段。"

另一个重大变化是：如何应对千禧一代。许多业内人士认为，千禧一代对品牌不够忠诚，不像他们的父母那么看重物质。卡茨不同意这种概述。

她说："那些销售奢侈品和奢华体验的人目前还不清楚 Y 世代和 Z 世代需要什么，因为他们还没有达到赚很多钱的年龄。有很多人试图分析他们更喜欢东西，还是体验，在我看来，他们对这两种事物的喜欢程度是一样的。顾客可能想要一种不同于她母亲的奢侈品购买体验。这样的事情将会在 2026 年，也就是他们职业生涯的巅峰时期上演。根据我们掌握的数据，尽管 X 世代更注重数字化，但他们的购物方式与婴儿潮一代非常相似。"

商店

谈到商店，卡茨并不像业内一些人那么悲观。只要商店能更好地融入数字体验，提供更好的服务，还是有前景的。

"我不会把商店排除在外，"她说，"我们有70%的业务在实体店，我们确信商店会发生变化，它们也确实需要改变。商店需要更多的社会互动，更注重服务体验。"

内曼·马库斯有42家店，卡茨认为美国市场总体上库存过剩，很多店都太大了，尤其是百货公司。

她说："如果把商店变小一点，并注入一些新鲜的东西，让它们更亲密，更有灵魂，我想人们愿意来体验一下。现在的很多百货公司太大、没有灵魂，产品太多。内曼·马库斯有商店、餐厅和水疗美容，可以提供良好的体验。我们在贝弗利山庄的鞋店里开了一家香槟吧。我们希望人们能享受购物的过程。我们展出了世界级的艺术收藏品。我们有记忆魔镜——你站在镜子前，它会从360度拍下你试穿衣服的视频，你可以和你的朋友分享，所以这是一种社交性活动。这些可以使顾客感觉到零售商真的在满足自己的需求。"

卡茨认为，同记忆魔镜一样，数字化的体验也是一项至关重要的店内活动。

"数字已经成为商店购物体验不可或缺的一部分，"她说，"我们的很大一部分客户都是先在网上查询信息，然后再到店里来。或者他们是从销售人员那里接收到信息，我们的销售员工都使用

iPhone 和我们内部开发的销售助理应用程序。或者客户收到了销售人员发来的短信和电子邮件，内容是基于他们过去购买的商品提出的产品建议。"

卡茨认为，在数字时代，要想兑现内曼·马库斯的品牌承诺——高质量的服务和人际关系，这种程度的个性化体验是必不可少的。

她说，在未来，内曼·马库斯计划将这一理念提升到一个新的高度。

卡茨说："我们卖的不是商品，而是情感。所以我们在思考如何通过数据分析来满足情感需求。有很多方法可以让你在客户的生活中无处不在。想象一下，基于你给我们的许可：每天早晨闹钟一响，你就会收到来自时尚总监肯·道宁的短信，他会告诉你今天应该穿什么，他在我们的客户中很有名。我们怎么才能做到这些呢？通过访问你的日历和天气，我们可以了解你的需求。我们也很清楚你在内曼·马库斯买了什么。这种程度的个性化服务并不遥远。顾客信任内曼·马库斯，他们希望我们每天帮助他们搭配衣服。他们想知道什么是合适的，怎么穿，什么和什么搭配。真正成为顾客生活中的一部分只是时间问题。"

全渠道组织

卡茨认为，内曼·马库斯成功的一个重要因素是该公司的组织架构，即顾客至上。

她说：“我们的电子商务主管控制着商店和网上客户的每一个接触点。我们努力让所有的线上和线下产品都完美对接。没有线上线下的区别，因为它们有共同的目标。我们会360度审视顾客的支出，从跨渠道购买的商品到对库存的评估。我们有一位客户体验总监，为客户提供不受渠道限制的体验。”

内曼·马库斯之所以做出这些组织决策，是因为卡茨认为，该公司的大部分业务都是数字化优先的，并且这种趋势会越来越明显。

她说：“我认为客户会首先看我们的网站。移动网站必须非常强大，因为它是我们品牌的起点。我们希望可以让人们对我们的产品感兴趣，或者把他们吸引到店中来（如果消费者住在我们的市场覆盖范围内的话）。”

为所有人创新

马文·埃里森，杰西潘尼首席执行官

谈到零售业的现状和未来，就不得不提马文·埃里森，他一手主导了杰西潘尼的品牌重塑。埃里森于2014年加入杰西潘尼，担任总裁，并于2015年8月成为首席执行官。此前，他曾在拥有2 000多家门店的家得宝工作了12年，并担任该公司的执行副总裁。在那之前，他在塔吉特百货工作了15年，从助理职位不断向上晋升。

埃里森帮助公司走出了罗恩·约翰逊时代的低谷。

他对自有品牌、客户定位和实体店的未来有一些独到的认识。

选择自有品牌

埃里森说，消费者现在比以往更关注两件事：便利和价值。这是可以理解的，因为根据盖洛普公司的调查，全职员工平均每周工作47小时，比2006年增加了90分钟。[2]

埃里森说："网络带来的价值透明度使得每个消费者对价值更敏感，想确保自己购买的产品价值最高。还要考虑便利因素：时间对于每个人都很宝贵。我们每周7天24小时都与我们的企业、朋友、家庭和社交网络相连。所以我们想找出一种对人们的生活来说最方便的模式。"

有了指导原则——价值和便利，剩下的任务就是弄清楚它们对目标顾客意味着什么。埃里森说，不同的人对价值有不同的理解。大多数年轻消费者看重的是款式和价格，但对千禧一代的妈妈来说，情况就不同了。

他说："她们的孩子长得很快，所以关键是产品的价格合适且穿着合身，质量并不重要。如果千禧一代的妈妈为自己买东西，则希望东西能经久耐用，免得总是买新东西。所以价值的定义对每个消费者来说都是不同的，零售商需要了解这些消费者的独特性，以把握市场动向。"

这种价值的压力迫使埃里森重新审视杰西潘尼的自有品牌。他发现杰西潘尼最强大的竞争对手（Zara、H&M、Mango 和优衣库），展现了自有品牌的优势。埃里森查看杰西潘尼的数据后发现，在网上，杰西潘尼旗下的自有品牌获得的五星评级已高于国内名牌。

他说："我记得很多零售商都在讨论该如何增加国内名牌的渗透，以及如何发展这些品牌的电子商务业务，并推动利润增长。我不是数学家，但我认为这些都讲不通。在这个在线价格透明的时代，要想提高全国性品牌的渗透率，你必须面对这些复杂的纯电子商务零售商的巨大压力，它们拥有定价引擎和改变价格的能力。这是一道简单的计算题。如果你打算与国内名牌合作来发展电子商务，你的毛利润会更低，因为你必须在价格上与其竞争。如果你选择发展评分较高的自有品牌，就是两全其美的，因为你能够以较低的成本将自有品牌推向市场，你仍然可以在价格上具有竞争力，不必与那些经验丰富的电子商务公司打价格战。"

目标客户

埃里森表示，他最大的一个发现是，杰西潘尼有两种不同的消费者群体，可以同时满足这两种群体的需求。

他说："一种是老客户，一种是新客户。我们的老客户大多是年龄偏大的白人女性，她们的孩子已经成家立业了。我们的新客户是 30 岁出头的千禧一代母亲，她们还在工作，平均有两个孩子。"

当然，这两种类型的客户有不同的品牌和购买偏好，也受不同的市场营销和媒体的影响。埃里森用一个例子生动地说明了这一点。

"以我们卖的棉质童装为例，一种是全国性品牌Carter's，一种是我们的私有品牌Okie Dokie（它的价格更高）。当我们研究数据时，我们发现Carter's的核心用户是我们现有的老客户——祖母，她们愿意支付更多钱给孙辈买返校用品、假期和节日礼物。而Okie Dokie的核心用户是千禧一代的妈妈，她们的预算相对紧张，每天、每个月、每个季节，她们都为孩子寻找价值最高的衣服。对于这两种客户，我们的童装营销方式完全相同，但她们接收数据和获取媒体讯息的方式非常不同。年龄更大的客户往往看报纸、电视；千禧一代的顾客大多依赖数字化移动设备，她们会玩Meta、推特和照片墙。我们试着用传统的方式与客户沟通，想知道为什么我们没有成功。一旦我们明白了这一点，就知道如何对各个品牌进行营销了。"

埃里森表示，这些营销策略的转变在很大程度上获得了巨大的回报：杰西潘尼在2016年第一季度的营销总开支削减了近10%，但由于公司针对一些目标群体，将营销模式从传统手段转向数字和社会媒体，客户数量同期上涨了3%。

埃里森认为，"对所有客户一刀切"的策略是导致杰西潘尼陷入困境的部分原因，这一观念的改变有助于杰西潘尼运营状况的改善。

"当我们反思 2010 年至 2013 年的失败时，主要原因是偏离了既定的客户战略，放弃了核心客户，转而追逐新客户。但他们没有意识到，当时已有的客户会感到被忽视，会去别的商场。我觉得我们可以同时为两个客户群体服务，他们享有同样的产品价值、便利和服务。需要注意的是，我们所有的客户都属于同一个家庭收入阶层，这是一个关键目标，但在这个阶层中，我们有两个客户子集。所以我们认为，只要有正确的产品分类和营销策略，我们就不必把所有的鸡蛋都放在一个篮子里。"

这种新策略的一个例子是对电器品牌的销售：LG 和三星面向年轻客户销售，通用电气面向年龄更大的客户销售。

改造商店

对于如何处理杰西潘尼在全国拥有的面积达数十万平方英尺的门店，埃里森思考了很多。他告诉我们，如果可以利用实体店来增加顾客的便利，它并不是劣势。

"我们不认为拥有 1 000 多家零售店对我们的市场不利，"他说，"2015 年，我们关闭了大约 40 家没有生产效率的门店，今年我们将关闭大约 7 家。现在的关键问题是，从提货或品牌营销的角度来看，如何将关键地点货币化，并为满足客户需求创造便利。因此，我认为应将网络销售和实体店联系起来。"

他的意思是指在线购买，在商店里提货、发货和退货等。埃里森说，这些举措取得了成效：除了提高顾客的忠诚度，90%

以上的网上退货都是在商店里完成的，超过 30% 的顾客在这个过程中会购买其他东西。更重要的是，超过 40% 的人在网上购物，即使已经在线上付了款，当他们来线下商店提货时，仍会购买另一件商品。

"实体店可以帮助我们更快地处理问题，"埃里森说，"我们 70% 以上的订单在一个小时内就可以准备好，这比任何电子商务公司的送货上门服务要方便得多。如果你能做到减少摩擦，与数字世界无缝对接，商店就会变得更加重要，尤其是如果你还能想尽办法吸引人们进入商店的话。"

但零售商不仅要实施这些计划，还必须提高效率，避免利润流失。

埃里森说："我们正准备推出一种新的从商店发货的系统。我们将一些商店划定为偏远地区的主要配送点，并在这些指定商店配备人员、设备和支持，以尽可能提高效率。我们的目标是将大量订单推向这些不同类型的指定商店。因此，你可能会走进一家传统上对我们来说可能是低销量实体店的商店，但由于其地理位置和面积，你可能会看到不同种类的商品，因为这家商店除了卖东西，也是一个分发点。我们已经制订了一些非常积极的计划，并打算在 2017 年具体实施。"

对埃里森来说，方便意味着商店要"一站式"，因此他决定开始销售家电。

他说："最初我们大多数的领导层都不赞成销售大型电器。但是我们委托进行的一项外部研究显示，我们的客户中有超过三分之一人在西尔斯购买电器，这说明在购物中心销售电器是可行的。西尔斯经历了目前的情况，它的未来可能会受到质疑，我们为何不进入这个领域，抢占一些市场份额呢？"

类似的想法也贯穿于杰西潘尼与帝国地板和阿什利家具的合作中。但这些案例都是围绕着把百货商店变成展厅的想法展开的，杰西潘尼并不拥有大部分库存。埃里森说："我们认为，与这些战略合作伙伴的合作既不会占用我们大量现金，也可以利用百货商店的空间，为我们的客户提供更多的选择。"

尽管杰西潘尼没有这些产品的库存，但公司必须拥有客户关系和数据。

"这是最重要的事情，"他说，"我们的家电通过通用电气管理的网络配送，但当送货员配送时，他穿的是杰西潘尼的制服。当客户给我们的客户服务中心打电话时，号码会被标记为杰西潘尼公司。即便有了第三方供应商，我们仍尽心维持着与客户的宝贵关系。我们仔细挑选潜在的合作伙伴，以确保该品牌形象与杰西潘尼相一致，甚至优于杰西潘尼。"

最后，要想成功，商店还需要提供具有吸引力的体验和便利。埃里森指出，在很多方面，实体店比网店的机会更多——如沙龙服务、家居装饰和大码服装等。

"我们的目标是在丝芙兰和时尚沙龙之间建立联系，这种美容体验可以增加消费者来实体店的频率，因为这些活动需要顾客亲自到场。"他说，"商店里还有顾客需要来实体店才能购买的其他产品，比如家具装饰和大码服装。顾客在网上很难买到既时尚又合身的大码衣服，因此他们想要来实体店试穿一下，确保它穿在自己身上合适。我们的大码服装店和私人品牌正在与阿什利·尼尔·蒂普顿合作，她是首位在《天桥骄子》中获胜的大码设计师。"

杰西潘尼和拼趣的合作又一次将在线网点和实体店无缝连接起来，为顾客提供丰富的娱乐体验：在母亲节来临之前，杰西潘尼在全国各地的商场里放置了 10 个大型数字互动拼趣展板。

埃里森说："我们做得最成功的一件事就是与拼趣的合作。顾客挑选了不同的时装和风格，然后走进商店，这两个品牌都获得了巨大的成功。我们将继续开展类似的合作，在商店内举办活动，与客户产生共鸣。"

如果埃里森能把商店变成一种兼具战略性、便利性和娱乐性的"武器"，那么 2026 年的数字零售将不再有那么大的威胁。我们很期待他为杰西潘尼带来的新创意。

领导公司度过变革

保罗·查伦，金宝汤公司董事长

大家都知道零售业正在发生变化，但在变革中需要怎样的领导类型，目前还没有定论。为了帮助回答这个问题，我们采访了保罗·查伦，他对领导力肯定不陌生。

查伦是金宝汤公司的董事会主席，此前他曾担任 Liz

Claiborne 的主席和首席执行官，也曾在威富公司和私募股权公司 Warburg Pincus 担任高级职位。

查伦与我们讨论了在美国 250 年生日之际出现的零售新格局，更重要的是，如何应对这一局势。

查伦指出，人口结构的变化推动了零售业的快速转变，尤其是向城市化和郊区化的转变。

他说："观察未来纽约、波士顿、费城、华盛顿、芝加哥、底特律、休斯敦、迈阿密、亚特兰大、旧金山和洛杉矶，与其他地方相比会有怎样的不同，将会非常有趣。它们的思维方式、价值观和人口构成都有很大的不同。我认为与（农村）地区的差距将会扩大。"

查伦说，这些城市中生活着许多千禧一代，这是另一股不可忽视的人口力量。

他说："每一个试图满足消费者需求的零售商或快消公司，都需要知道千禧一代的整体观念、细分的市场和他们的要求。他们担心可持续发展问题和全球变暖。"

人口结构的变化非常关键，因为它们正在推动消费者行为的改变。消费者则是一个品牌或零售商所做的一切的中心。

查伦认为，零售商很容易被新技术分散注意力，但必须将消费者放在首位。

他说："在我看来，一切都始于消费者，也将终结于消费者，而不是技术。先研究消费者的行为，影响它的关键因素，然后再看技术是如何影响它的，以及零售业的反应。技术只是一种工具。"

也就是说，查伦认为一旦技术被消费者洞察引导，它将成为一个非常有价值的工具。

"对零售业影响最大的是科技，"他说，"我认为技术让我们拥有了更多的便利、选择和控制权。但同时，技术也是一种威胁，它让我们的控制力下降，侵犯了我们的隐私……技术可以帮助我们更好地获取信息。例如，CVS 应用程序知道我买的所有东西。我可能想摆脱 CVS，因为它给我推送了太多的消息，但同时它也会为我提供七折折扣券。"

技术使得商业在方方面面都快速发生变化，这意味着零售商拥有的任何竞争性优势都是短暂的。尤其是在当前的经济形势下，零售商需要快速有效地应对不断变化的动态，以保持领先于竞争对手。

"我们没有增长，任何竞争优势都是暂时的，"查伦说，"每个人都在不断思考和完善好的点子。要不断发展，才能避免被遗忘。"

如果持续改进和创新是零售业的新要求，那么想问查伦的下一个问题就是，如何做到这一点？2026 年零售业将会是什么样子？

首先，查伦认为，零售商需要重新反思它们的房地产策略。零售业的每个人都知道美国的库存过剩。事实上，Lazard Freres 的一项研究显示，在 1980 年，零售空间是实际需求的两倍——自那以后，除了在大萧条期间短暂持平，零售空间以每年

4% 的速度增长。

查伦说，并不是所有的商店都有相同的意义，要考虑哪些商店应该保留、哪些应该关闭。

他表示："零售商未来需要的是一系列旗舰店，而不是偏远地区的小商店，客流量是重点。想象一下在荒野的西部地区，你拥有一个道奇堡，这是一个无法渗透的指挥所，但前哨往往更容易受到攻击。"

具体来说，查伦认为零售商应该出售 25% 或以上的商店，这样它们就可以投入更多的时间和精力在业绩最好的商店（旗舰店）上。其余的商店应该根据人口统计数据和地理位置精心分类。

对于快消公司，查伦建议转移重心。作为董事会主席，查伦说金宝汤在汤品市场的份额已从 50% 下降到了 44%，它的份额正在被规模较小的新型竞争对手慢慢蚕食。但查伦说，该公司在首席执行官丹尼斯·莫里森的领导下正在进行反击。

查伦告诉我们："丹尼斯曾说：'我要将投资组合从汤转向健康，将产品从商店的中心转向商店的外围。从汤获利之后，重新定义我的营销方式和汤，转向高增长的类别。我打算改变公司的组织结构，每年可节省 3 亿美元的成本。'她决定从根本上改变我们经营公司的方式，并选择竞争。"

尽管他为未来的成功做出了种种改变，但查伦相信，那些成功带领公司渡过难关的领导者不会是新鲜面孔。

"对革命而言，很大程度上，需要新的领导，"他说，"但不需要一群 30 岁的人。因为他们的阅历还不够丰富，他们充满希望，但没有远见。我认为，当首席执行官走进一家公司，看看它的财务状况，再看看未来 5~10 年将要面临的竞争，大多数零售商都会得出这样的结论：它必须是一场革命。首席执行官需要重新思考与消费者的互动，消费者需要的应用程序，组织的结构，数据的分配，有多少资本和资产，所需的时间、金钱和员工的数量。否则的话，零售商就无法推动组织变革，而这正是行为变革所需要的。"

总的来说，查伦所设想的未来零售世界将会发生变化——会有更专业的品牌，更本地化但数量更少的商店，并由技术主导。最有可能带领公司度过这场零售革命的是更老练的首席执行官。

致 谢

如果没有这么多朋友、顾问和行业思想领袖的支持、鼓励和积极参与，本书就不会问世。

首先要感谢我们坚定的代理人爱德华·内卡苏尔默四世，他为我们的第一本书《零售业的新规则》的出版开辟了道路。还要感谢圣马丁出版社的第一位编辑艾米丽·卡尔顿，她相信我们可以写出另一本伟大的书，并在研究的最初阶段领导其他人共同为我们出谋划策。如果没有她，我们就不会开始这项研究。我还要感谢我们的第二任编辑蒂姆·巴特利特，她满怀热情地加入了我们的研究，曾无数次矫正我们的论点和逻辑，使得本书的准确性更加有保障。蒂姆和艾米丽出色的工作帮助我们顺利完成了研究。

我还要感谢斯科特·奥利维特先生（Renegade Brands 公司首席执行官），他阅读了整个原稿，提出了许多中肯的评论，总是为我们提供极大的鼓励和新的想法。

接下来我要感谢威廉·兰黛（雅诗兰黛执行董事长）、大卫·贾菲（Ascena 公司首席执行官）、埃里克·怀斯曼（威富公司前首席执行官）、杰夫·根内特（梅西百货首席执行官）、米歇尔·兰姆（True&Co. 公司首席执行官）、保罗·琼斯（Payless 首席执行官）、保罗·查伦（金宝汤公司前主席）、杰里米·刘（光速创投公司合伙人）、明迪·格罗斯曼（慧俪轻体首席执行官）、凯伦·卡茨（内曼·马库斯公司首席执行官）、马克·科恩（哥伦比亚商学院的零售专业教授）、简·埃尔弗斯（The Children's Place 首席执行官）、布莱克·诺德斯特龙（诺德斯特龙公司首席执行官）、哈维·坎特（Blue Nile 首席执行官）、戴维·坎皮西（Big Lots 首席执行官）、米切尔·莫德尔（Modell's Sporting Goods 首席执行官）、德莫斯·帕内罗斯（Barnes&Noble 首席执行官）、诺尔曼·马休斯（The Children's Place 主席）、格瑞·里滕堡（Party City 主席）、威尔·库塞尔（Advent Capital 经营合伙人）、米切尔·克里珀（Barnes&Noble 前首席执行官）、克劳迪奥·德尔维奇奥（布鲁克斯兄弟公司首席执行官兼主席）、迈克尔·古尔德（布鲁明戴尔公司前首席执行官）、艾伦·奎斯特罗姆（联合百货公司、杰西潘尼和巴尼斯前首席执行官）。在我们与他们的讨论中，他们都为本书贡献了很多有见地的想法。

我还要感谢迈克尔·麦西先生（PetSmart 前首席执行官），

他在百忙之中抽出时间与迈克尔·达尔特讨论了未来零售业的趋势，大型零售商该如何应对这些挑战，以及在这个动荡不安的时代需要怎样的领导力。

我们非常感谢所有行业的思想领袖们抽出时间与我们分享知识。

此外，艾米·布鲁克斯在编辑时发挥了重要的作用，她通过初步研究将想法整合起来。感谢她一直以来支持我们的工作，推动本书的出版。

最后，我要感谢莫妮卡·萨洛蒂，她为本书绘制了图表，抓住了许多关键内容的精髓。

注 释

第一章　供需失衡

1. Paul Cashin and C. John McDermott, "The Long Run Behavior of Commodity Prices," IMF Working Paper, May 2001, https://www.imf.org/external/pubs/ft/wp/2001/wp0168.pdf.

2. "Do TVs Cost More Than They Used To?" Reviewed.com, September 4, 2012, http://televisions.reviewed.com/features/do-tvs-cost-more-than-they-used-to.

3. "Clothing Production in China from March 2016 to March 2017 (in Billion Meters)," https://www.statista.com/statistics/226193/clothing-production-in-china-by-month/.

4. Gladys Lopez-Acevedo and Raymond Robertson, eds., *Stitches to Riches? Apparel Employment, Trade, and Economic Development in South Asia* (Washington, DC: World Bank Group, 2016), https://openknowledge.worldbank.org/bitstream/hand le/10986/23961/9781464808135.pdf?sequence=2&isAllowed=y.

5. Zhai Yun Tan, "What Happens When Fashion Becomes Fast, Disposable And Cheap?," *NPR*, April 10, 2016, http://www.npr.org/2016/04/08/473513620/what-happens-when-fashion-becomes-fast-disposable-and-cheap.

6. Marilyn Geewax, "Why Americans Spend Too Much," *NPR*, December 6, 2011, http://www.npr.org/2011/12/05/143149947/why-americans-spend-too-much.

7. "The Rise in Dual Income Households," Pew Research Center, June 18, 2015, http://www.pewresearch.org/ft_dual-income-households-1960-2012-2/.

8. Tyler Cowen, "Silicon Valley Has Not Saved Us from a Productivity Slowdown," *The New York Times*, March 4, 2016, http://www.nytimes.com/2016/03/06/ upshot/silicon-valley-has-not-saved-us-from-a-productivity-slowdown. html?smprod=nytcore-ipad&smid=nytcore-ipad-share&_r=0.

9. Sarah Halzack, "There Really Are Too Many Stores. Just Ask the Retailers," *The Washington Post*, April 5, 2016, https://www.washingtonpost.com/news/business/ wp/2016/04/05/there-really-are-too-many-stores-just-ask-the-retailers/.

10. John Kell, "Coach Is Pulling Its Products From Department Stores Across the US," *Fortune*, August 9, 2016, http://fortune.com/2016/08/09/coach-department-stores-discount/.

11. Shelly Banjo, "A Fool's Hope for Retail Resurgence," *Bloomberg Gadfly*, March 2, 2016, https://www.bloomberg.com/gadfly/articles/2016-03-02/brick-and-mortar-retail-shows-no-sign-of-a-comeback.

12. Manikandan Raman, "Goldman Sachs Cuts Bed Bath & Beyond's Q2 Expectations Following Q1 Report, Says 'Omnichannel is Omnichallenged,'" *Benzinga*, June 23, 2016, https://www.benzinga.com/analyst-ratings/analyst-

color/16/06/8144392/goldman-sachs-cuts-bed-bath-beyonds-q2-expectations-foll.

第二章 物质减量化

1. Kevin Kelly, *The Inevitable* (New York: Penguin, 2016), 111.

2. "US and Global Consumer Spending on Media Content and Technology Continues to Rise," *Digital Content Next*, March 11, 2016, https://digitalcontentnext.org/blog/2016/03/11/us-and-global-consumer-spending-on-media-content-and-technology-continues-to-rise/.

3. Uptin Saiidi, "Millennials Are Prioritizing 'Experiences' over Stuff," CNBC.com, May 5, 2016, http://www.cnbc.com/2016/05/05/millennials-are-prioritizing-experiences-over-stuff.html.

4. James Hamblin, "Buy Experiences, Not Things," *The Atlantic*, October 7, 2014, https://www.theatlantic.com/business/archive/2014/10/buy-experiences/381132/.

5. Sam Frizell, "The New American Dream Is Living in a City, Not Owning a House in the Suburbs," *Time*, April 25, 2014, http://time.com/72281/american-housing/.

6. Centers for Medicare and Medicaid Services, "National Health Expenditure Factsheet," https://www.cms.gov/research-statistics-data-and-systems/statistics-trends-and-reports/nationalhealthexpenddata/nhe-fact-sheet.html.

7. Bureau of Labor Statistics, US Department of Labor, "Share of Total Spending on Healthcare Increased from 5 Percent in 1984 to 8 Percent in 2014," *The Economics Daily*, http://www.bls.gov/opub/ted/2016/share-of-total-spending-on-healthcare-increased-from-5-percent-in-1984-to-8-percent-in-2014.htm.

8. "Cracking the Trade Promotion Code," October 2, 2014, Nielsen.com, http://www.nielsen.com/us/en/insights/news/2014/cracking-the-trade-promotion-code.html.

第三章　人口巨变

1. Greg Ip, "How Demographics Rule the Global Economy," *The Wall Street Journal*, November 22, 2015, http://www.wsj.com/articles/how-demographics-rule-the-global-economy-1448203724.

2. Arthur C. Brooks, "An Aging Europe in Decline," *The New York Times*, January 6, 2015, http://www.nytimes.com/2015/01/07/opinion/an-aging-europes-decline.html?smprod=nytcore-ipad&smid=nytcore-ipad-share&_r=0.

3. Jacob M. Schlesinger and Alexander Martin, "Graying Japan Tries to Embrace the Golden Years," *The Wall Street Journal*, November 29, 2015, http://www.wsj.com/articles/graying-japan-tries-to-embrace-the-golden-years-1448808028.

4. US Bureau of Labor Statistics, "Consumer Expenditures in 2013," Survey, BLS Reports, US Census Bureau, Report 1053, February 2015, https://www.bls.gov/cex/csxann13.pdf.

5. US Bureau of Economic Analysis, "Personal Saving Rate," March 1, 2017, available from Federal Reserve Bank of St. Louis, Economic Research, https://fred.stlouisfed.org/series/PSAVERT#0.

6. "Past 65 and Still Working: Big Data Insights on Senior Citizens' Financial Lives," JPMorgan Chase Institute, n.d., https://www.jpmorganchase.com/corporate/institute/document/past-65-and-still-working.pdf.

7. Investopedia.com, "America's Retirement Crisis is Here," http://www.investopedia.com/articles/retirement/060816/americas-retirement-crisis-here.asp.

8. Etienne Gagnon, Benjamin K. Johannsen, and David Lopez-Salido, *Understanding the New Normal: The Role of Demographics*, Finance and Economics Discussion Series 2016-080 (Washington, DC: Board of Governors of the Federal Reserve System, 2016), https://www.federalreserve.gov/econ resdata/feds/2016/files/2016080pap.pdf.

9. Jacob M. Schlesinger and Alexander Martin, "Graying Japan Tries to Embrace the Golden Years," *The Wall Street Journal*, November 29, 2015, http://www.wsj.com/articles/graying-japan-tries-to-embrace-the-golden-years-1448808028.

10. Mark Bradbury, "The 7 Incredible Facts About Boomers' Spending Power," *The Huffington Post*, March 17, 2015, http://www.huffingtonpost.com/mark-bradbury/the-7-incredible-facts-about-boomers-spending_b_6815876.html.

11. Marina Vornovitsky, Alfred Gottschalck, and Adam Smith, "Distribution of Household Wealth in the U.S.: 2000 to 2011," https://www.census.gov/content/dam/Census/library/working-papers/2011/demo/wealth-distribution-2000-to-2011.pdf.

12. Ann C. Foster, "A Closer Look at Spending Patterns of Older Americans," *Beyond the Numbers: Prices & Spending* 5, no. 4 (March 2016), https://www.bls.gov/opub/btn/volume-5/spending-patterns-of-older-americans.htm. This is a publication of the US Bureau of Labor Statistics.

13. Ip, "How Demographics Rule the Global Economy."

14. The figures provided are averages. Pamela Villarreal, "How Are Seniors Spending Their Money?" National Center for Policy Analysis, January 22, 2014, http://www.ncpa.org/pub/ib135.

15. Ann C. Foster, "A Closer Look at Spending Patterns of Older Americans," *Beyond the Numbers: Prices & Spending* 5, no. 4 (March 2016), https://www.bls.gov/opub/btn/volume-5/spending-patterns-of-older-americans.htm. This is a publication of the US Bureau of Labor Statistics.

16. Schlesinger and Martin, "Graying Japan."

17. John Lanchester, "What the West Can Learn from Japan About the Cultural Value of Work," *The New York Times Magazine*, December 13, 2016, https://www.nytimes.com/2016/12/13/magazine/what-the-west-can-learn-from-japan-about-the-cultural-value-of-work.html?_r=0.

第四章 "碎片化"时代

1. Brendan Shaughnessy, "Why Abercrombie Is Smart to Drop Its Logo from Its Clothes (and Why Other Retailers Should Follow)," *The Business Journals*, September 18, 2014, http://www.bizjournals.com/bizjournals/how-to/ marketing/2014/09/why-abercrombie-smart-to-drop-logo-from-clothing.html.

2. John Kell, "What You Didn't Know About the Boom in Craft Beer," *Fortune*, March 22, 2015, http://fortune.com/2016/03/22/craft-beer-sales-rise-2015/.

3. Eileen Patten and Richard Fry, "How Millennials Today Compare with Their Grandparents 50 Years Ago," Pew Research Center, March 19, 2015, http://www. pewresearch.org/fact-tank/2015/03/19/how-millennials-compare-with-their-grandparents/.

4. Caelainn Blair and Shiv Malik, "Revealed: The 30-Year Economic Betrayal Dragging Down Generation Y's Income," *The Guardian* (UK), March 7, 2016, https://www.theguardian.com/world/2016/mar/07/revealed-30-year-economic-betrayal-dragging-down-generation-y-income.

5. Patten and Fry, "How Millennials Today Compare with Their Grandparents 50 Years Ago."

6. Nadja Popovich, "A Deadly Crisis: Mapping the Spread of America's Drug Overdose Epidemic," *The Guardian* (UK), May 25, 2016, https://www. theguardian.com/society/ng-interactive/2016/may/25/opioid-epidemic-overdose-deaths-map.

7. Gina Kolata, "Death Rates Rising for Middle-Age White Americans, Study Finds," *The New York Times*, November 2, 2015, http://www.nytimes.com/2015/11/03/ health/death-rates-rising-for-middle-aged-white-americans-study-finds.html?_r=0.

8. "Tattoo Takeover," The Harris Poll, February 10, 2016, http://www.theharrispoll. com/health-and-life/Tattoo_Takeover.html.

9. Josh Zumbrun, "How Rich and Poor Spend (and Earn) Their Money," *The Wall Street Journal*, April 6, 2015, http://blogs.wsj.com/economics/2015/04/06/how-the-rich-and-poor-spend-and-earn-their-money/; Jacob Goldstein, "How the Poor, the Middle Class and the Rich Spend Their Money," *NPR*, August 1, 2012, http://www.npr.org/sections/money/2012/08/01/157664524/how-the-poor-the-middle-class-and-the-rich-spend-their-money.

10. Lauren Carroll, "Warren: The Average Family in the Bottom 90 Percent Made More Money 30 Years Ago," *PolitiFact*, January 13, 2015, http://www.politifact.com/truth-o-meter/statements/2015/jan/13/elizabeth-warren/warren-average-family-bottom-90-percent-made-more-/.

11. "America's Shrinking Middle Class: A Close Look at Changes Within Metropolitan Areas," Pew Research Center, May 11, 2016, http://www.pewsocialtrends.org/2016/05/11/americas-shrinking-middle-class-a-close-look-at-changes-within-metropolitan-areas/.

12. Ibid.

13. Figures based on A.T. Kearney analysis.

14. Associated Press, "So Much for the American Dream! Fewer Than *Half* of Young Adults Will Earn as Much as Their Parents Did at the Same Age—Compared to 92 Per Cent Who Did in 1940," *Daily Mail* (UK), December 9, 2016, http://www.dailymail.co.uk/news/article-4015374/Americans-odds-earning-parents-plunged.html.

15. Figures based on A.T. Kearney analysis.

16. Laura Kusisto, "Influx of Younger, Wealthier Residents Transforms U.S. Cities," *The Wall Street Journal*, June 9, 2016, http://www.wsj.com/articles/influx-of-younger-wealthier-residents-transforms-u-s-cities-1465492762.

17. A.T. Kearney analysis of U.S. Census Bureau data.

18. Josh Sanburn, "U.S. Cities Are Slowing but Suburbs Are Growing," *Time*,

May 21, 2014, http://time.com/107808/census-suburbs-grow-city-growth-slows/.

19.   David R. Bell, *Location Is (Still) Everything* (New Harvest, 2014), 30.

20.   "Current Cigarette Smoking Among Adults in the United States," Centers for Disease Control and Prevention, 2015, https://www.cdc.gov/tobacco/data_statistics/fact_sheets/adult_data/cig_smoking/.

21.   Thomas B. Edsall, "How the Other Fifth Lives," *The New York Times*, April 27, 2016, http://www.nytimes.com/2016/04/27/opinion/campaign-stops/how-the-other-fifth-lives.html?mwrsm=Email.

22.   National Center for Education Statistics, "Private Elementary and Secondary Enrollment, Number of Schools, and Average Tuition, by School Level, Orientation, and Tuition: Selected Years, 1999–2000 Through 2011–12," *Digest of Education Statistics*, June 2013, https://nces.ed.gov/programs/digest/d13/tables/dt13_205.50.asp; Derek Thompson, "Which Sports Have the Whitest/Richest/Oldest Fans?," *The Atlantic*, February 10, 2014, https:// www.theatlantic.com/business/archive/2014/02/which-sports-have-the-whitest-richest-oldest-fans/283626/.

23.   Joe Cortwright, "Young and Restless," City Reports, October 19, 2014, http://cityobservatory.org/ynr/.

24.   Tyler Cowen, "The Marriages of Power Couples Reinforce Income Inequality," *The Upshot* (blog), *The New York Times*, December 24, 2015, https://www.nytimes.com/2015/12/27/upshot/marriages-of-power-couples-reinforce-income-inequality.html.

25.   "Americans Say They Like Diverse Communities; Election, Census Trends Suggest Otherwise," Pew Research Center, December 2, 2008, http://www.pewsocialtrends.org/2008/12/02/americans-say-they-like-diverse-communities-election-census-trends-suggest-otherwise/.

26.   "USDA Reports Record Growth In U.S. Organic Producers," U.S.

Department of Agriculture, April 4, 2016, https://www.usda.gov/media/press-releases/2016/04/04/usda-reports-record-growth-us-organic-producers.

27. "Small and Independent Brewers Continue to Grow Double Digits," Brewers Association, March 22, 2016, https://www.brewersassociation.org/press-releases/small-independent-brewers-continue-grow-double-digits/.

28. Caroline Fairchild, "Does Levi Strauss Still Fit America?" *Fortune*, September 18, 2014, http://fortune.com/2014/09/18/levi-strauss-chip-bergh/.

29. Jing Cao, "Wal-Mart Close to Acquiring Bonobos for About $300 Million," *Bloomberg*, April 17, 2017, https://www.bloomberg.com/news/articles/2017-04-17/wal-mart-said-close-to-acquiring-bonobos-for-about-300-million.

30. Chavie Lieber, "Bonobos and the Brotherhood of the Flattering Pants," *Racked*, June 11, 2015, http://www.racked.com/2015/6/11/8762431/bonobos-andy-dunn.

第五章　科技是"催化剂"

1. "U.S. E-Commerce Sales Growth by Quarter," https://www.digital commerce360.com/2017/04/01/u-s-e-commerce-sales-quarter/.

2. Jason Keath, "105 Facebook Advertising Case Studies," Social Fresh, June 19, 2012, https://www.socialfresh.com/facebook-advertising-examples/.

3. Itamar Simonson and Emanuel Rosen, *Absolute Value: What Really Influences Customers in the Age of (Nearly) Perfect Information* (New York; Harper Business, 2014).

4. Hayley Peterson, "Amazon Changed the Price of an Item Eight Times in a Single Day," *Business Insider*, August 1, 2014, http://www.businessinsider.com/amazon-price-tracking-2014-8; Jason del Rey, "How Amazon Tricks You Into Thinking It Always Has the Lowest Prices," *Recode*, January 13, 2015, http://www.recode.net/2015/1/13/11557700/how-amazon-tricks-you-into-thinking-it-always-has-the-

lowest-prices.

5. "History of APIs," *API Evangelist*, http://history.apievangelist.com/.

6. Andrew Perrin, "One-fifth of Americans Report Going Online 'Almost Constantly,'" *Fact Tank*, Pew Research Center, December 8, 2015, http://www.pewresearch.org/fact-tank/2015/12/08/one-fifth-of-americans-report-going-online-almost-constantly/.

7. Manikandan Raman, "Goldman Sachs Cuts Bed Bath & Beyond's Q2 Expectations Following Q1 Report, Says 'Omnichannel is Omnichallenged,'" *Benzinga*, June 23, 2016, https://www.benzinga.com/analyst-ratings/analyst-color/16/06/8144392/goldman-sachs-cuts-bed-bath-beyonds-q2-expectations-foll.

第六章 自由波动市场

1. Richard Dobbs, Tim Koller, and Sree Ramaswamy, "The Future and How to Survive It," *Harvard Business Review* (October 2015): 48–56, 58, 60, 62, https://hbr.org/2015/10/the-future-and-how-to-survive-it.

第七章 马斯洛需求层次理论

1. Eric Almquist, John Senior, and Nicolas Bloch, "The Elements of Value," *Harvard Business Review* (September 2016): 46–53, https://hbr.org/2016/09/the-elements-of-value.

2. Jeremy Quittner, "Why Americans Are Spending More on Experiences vs Buying Stuff," *Fortune*, September 1, 2016, http://fortune.com/2016/09/01/selling-experiences/; Uptin Saiidi, "Millennials Are Prioritizing 'Experiences' Over Stuff," *CNBC.com*, May 5, 2016, http://www.cnbc.com/2016/05/05/millennials-are-prioritizing-experiences-over-stuff.html.

3. Barbara L. Goebel and Delores R. Brown, "Age Differences in Motivation Related to Maslow's Need Hierarchy," *Developmental Psychology* 17, no. 6 (November 1981): 809–15.

4. A. H. Maslow, "A Theory of Human Motivation," *Psychological Review* 50 (1943): 386.

5. Richard E. Ocejo, *Masters of the Craft: Old Jobs in the New Urban Economy* (Princeton, NJ: Princeton University Press, 2017).

6. "Millennials: Confident. Connected. Open to Change," Pew Research Center, February 24, 2010, http://www.pewsocialtrends.org/2010/02/24/millennials-confident-connected-open-to-change/.

7. Keith Hampton, Lauren Sessions Goulet, Eun Ja Her, and Lee Rainie, "Social Isolation and New Technology," Pew Research Center, November 4, 2009, http://www.pewinternet.org/2009/11/04/social-isolation-and-new-technology/.

8. Steve Reed and Malik Crawford, "How Does Consumer Spending Change During Boom, Recession, and Recovery?" *Beyond the Numbers: Prices & Spending* 3, no. 15 (June 2014), http://www.bls.gov/opub/btn/volume-3/how-does-consumer-spending-change-during-boom-recession-and-recovery.htm#_edn2.

9. Nathaniel Popper, "How Millennials Became Spooked by Credit Cards," *The New York Times*, August 14, 2016, http://www.nytimes.com/2016/08/15/business/dealbook/why-millennials-are-in-no-hurry-to-take-on-debt.html.

10. Ibid.; Jeanine Skowronski, "More Millennials Say 'No' to Credit Cards," Bankrate.com, http://www.bankrate.com/finance/credit-cards/more-millen'ials-say-no-to-credit-cards-1.aspx.

11. Cary Funk and Lee Rainie, "Chapter 6: Public Opinion About Food," Pew Research Center, July 1, 2015, http://www.pewinternet.org/2015/07/01/chapter-6-public-opinion-about-food/.

12. Eric Almquist, John Senior, and Nicolas Bloch, "The Elements of Value,"

Harvard Business Review (September 2016): 46–53, https://hbr.org/2016/09/the-elements-of-value.

13. Caroline Webb, *How to Have a Good Day* (New York: Crown Business, 2016).

14. Gordon Foxall, *Interpreting Consumer Choice* (New York: Routledge, 2010).

15. Zeynep Tom, "Why Good Jobs are Good for Retailers," *Harvard Business Review* (January–February 2012), https://hbr.org/2012/01/why-good-jobs-are-good-for-retailers.

第八章　新的顾客价值——理性利他主义

1. Scott Magids, Alan Zorfas, and Daniel Leemon, "The New Science of Customer Emotions," *Harvard Business Review* (November 2015): 66–74, 76, https://hbr.org/2015/11/the-new-science-of-customer-emotions.

2. Daniel Batson, *Altruism in Humans* (New York: Oxford University Press, 2011), 33.

3. Andrew Cave, " 'Don't Buy This Racket': Patagonia to Give Away All Retail Revenues on Black Friday," *Forbes*, November 21, 2016, http://www.forbes.com/sites/andrewcave/2016/11/21/dont-buy-this-racket-patagonia-to-give-away-all-retail-revenues-on-black-friday/#6af32085230c.

4. J. B. MacKinnon, "Patagonia's Anti-Growth Strategy," *The New Yorker*, May 21, 2015, http://www.newyorker.com/business/currency/patagonias-anti-growth-strategy; Nick Paumgarten, "Patagonia's Philosopher-King," *The New Yorker*, September 19, 2016, http://www.newyorker.com/magazine/2016/09/19/patagonias-philosopher-king.

5. Belinda Parmar, "The Most (and Least) Empathetic Companies," *Harvard Business Review* (November 27, 2015), https://hbr.org/2015/11/2015-empathy-index.

第九章　商店的未来

1. Frank W. Elwell, "Robert Putnam on the Decline of Communities," in *Industrializing America: Understanding Contemporary Society Through Classical Sociological Analysis* (Westport, CT: Praeger, 1999), http://www.faculty.rsu.edu/users/f/felwell/www/Theorists/Putnam/Community.html.

2. https://www.census.gov/topics/families/families-and-households.html.

3. SI Wire, "National NFL TV Ratings Continue Decline," *Sports Illustrated*, October 25, 2016, http://www.si.com/nfl/2016/10/25/tv-ratings-decline-primetime-games.

4. Molly Driscoll, "Why the Definition of a 'Hit' TV Show Has Changed," *The Christian Science Monitor*, September 21, 2016, http://www.csmonitor.com/The-Culture/TV/2016/0921/Why-the-definition-of-a-hit-TV-show-has-changed.

5. David W. McMillan and David M. Chavis, "Sense of Community: A Definition and Theory," *Journal of Community Psychology* 14 (January 1986): 9, https://pdfs.semanticscholar.org/e5fb/8ece108aec36714ee413876e61b0510 e7c80.pdf.

第十章　Z 世代和未来

1. Amanda Cox, "How Birth Year Influences Political Views," *The New York Times*, July 7, 2014, http://www.nytimes.com/interactive/2014/07/08/upshot/how-the-year-you-were-born-influences-your-politics.html?rref=upshot&_r=1.

2. Peter Aspden, "Were the Hippies Right?" *Financial Times*, August 12, 2016.

3. "Taking Stock with Teens—Spring 2015: A Collaborative Consumer Insights Project," Piper Jaffray, 2016, http://www.piperjaffray.com/2col.aspx?id=3444.

4. Kate Taylor, "Millennials Spend 18 Hours a Day Consuming Media— And It's Mostly Content Created by Peers," *Entrepreneur*, March 10, 2014, https://www.

entrepreneur.com/article/232062; "Generation Z Media Consumption Habits," Trifecta Research, 2015, http://trifectaresearch.com/wp-content/uploads/2015/09/Generation-Z-Sample-Trifecta-Research-Deliverable.pdf.

5. The Kids Are Alright: TYF 2016 Generations Survey, Institute for the Future.

6. U.S. Census Bureau 2014 National Population Projections.

7. Northeastern University, Black Youth Project at the University of Chicago with the Associated Press-NORC Center for Public Affairs Research.

8. Simon Mainwaring, "Sustainability Storytelling: How Levi's Inspires Engagement to Scale Impact," *Forbes*, October 3, 2015, http://www.forbes.com/sites/simonmainwaring/2015/10/03/sustainability-storytelling-how-levis-inspires-engagement-to-scale-impact/#4297a8906e83; Jessica Knoblauch, "Ten Eco-friendly Retailers," *Mother Nature Network*, February 4, 2010, http://www.mnn.com/money/green-workplace/stories/10-eco-friendly-retailers.

9. The Kids Are Alright: TYF 2016 Generations Survey, Institute for the Future.

10. Ibid.

11. Robert Half: Get Ready for Generation Z, https://www.roberthalf.com/workplace-research/get-ready-for-generation-z.

第十一章　零售新格局

1. Allison Arieff, "Rethinking the Mall," *Opinionator* (blog), *The New York Times*, June 1, 2009, https://opinionator.blogs.nytimes.com/2009/06/01/rethinking-the-mall/.

2. Alyssa Abkowitz, "Plaza Fiesta!" *Creative Loafing*, June 21, 2006, http://www.clatl.com/news/article/13020869/plaza-fiesta.

3. Lisa Brown, "Pace Proposes $79 Million Retail, Residential Expansion at the Boulevard," *St. Louis Post-Dispatch*, December 3, 2015, http://www.stltoday.

com/business/local/pace-proposes-million-retail-residential-expansion-at-the-boulevard/article_b07e09d4-e2f1-5278-89b2-085334a2f800.html.

4. Jeremy Adam Smith, "Won't You Be My Neighbor?" *Shareable*, October 26, 2009, http://www.shareable.net/blog/wont-you-be-my-neighbor.

5. Richard Dobbs, Tim Koller, and Sree Ramaswamy, "The Future and How to Survive It," *Harvard Business Review* (October 2015): 48–56, 58, 60, 62, https://hbr.org/2015/10/the-future-and-how-to-survive-it.

第十二章　小即是美

1. Yahoo Finance, https://finance.yahoo.com/.

2. Daniel Roberts, "Here's What Happens When 3G Capital Buys Your Company," *Fortune*, March 25, 2015, http://fortune.com/2015/03/25/3g-capital-heinz-kraft-buffett/.

3. Maggie McGrath, "TJX Companies Continues Run as Retail's Outlier, with Healthy Sales Growth," *Forbes*, August 16, 2016, http://www.forbes.com/sites/maggiemcgrath/2016/08/16/with-second-quarter-sales-growth-tjx-companies-continues-its-run-as-retails-outlier/#23f3c77e32dc.

4. Krystina Gustafson, "Target Is Chasing Wal-Mart with Its Smaller Stores but Using a Different Playbook," CNBC.com, October 5, 2016, http://www.cnbc.com/2016/10/05/target-is-chasing-wal-mart-with-its-smaller-stores-but-using-a-different-playbook.html.

5. Matthew Townsend, "Lowe's Struggles to Catch Home Depot in Store Locations," *Bloomberg*, February 24, 2016, https://www.bloomberg.com/news/articles/2016-02-24 /lowe-s-sales-top-estimates-as-home-improvement-boom-continues; John Kell, "Lowe's Renovates Retail Strategy with New Manhattan Stores," *Fortune*, August 5, 2015, http://fortune.com/2015/08/05/lowes-renovates-retail-strategy-

manhattan/.

6. "Office Depot Set to Close 300 More Stores But Increase New Format Locations," *Retail TouchPoints*, August 3, 2016, http://www.retailtouchpoints.com/features/news-briefs/office-depot-set-to-close-300-more-stores-but-increase-new-format-locations.

第十三章　树立品牌

1. http://www.theworldin.com/.
2. Kevin Kelly, *The Inevitable* (New York: Penguin, 2016), 8.
3. Cesar Hidalgo, *Why Information Grows:The Evolution of Order, from Atoms to Economics* (New York: Basic Books, 2015).
4. Jason Ankeny, "What Retailers Can Learn from J.C. Penney's Turnaround—and Lands' End's Turn for the Worse," *Retail DIVE*, October 3, 2016, http://www.retaildive.com/news/lessons-for-retailers-from-jc-penney-lands-end-turnarounds/427394/.
5. Ibid.

第十四章　流动的组织

1. Miles Kohrman, "How Google's Flexible Workspace Ignites Creative Collaboration (on Wheels)," *Fast Company* (newsletter), September 26, 2013, https://www.fastcompany.com/3017824/work-smart/how-googles-flexible-workspace-ignites-creative-collaboration-on-wheels.
2. Jennifer Reingold, "How a Radical Shift Left Zappos Reeling," *Fortune*, March 4, 2016, http://fortune.com/zappos-tony-hsieh-holacracy/.
3. Alicia Fiorletta, "Collaboration Becomes Key to Success for Retailers and

Suppliers," *Retail TouchPoints*, September 2, 2014, http://www.retailtouch points. com/topics/inventory-merchandising-supply-chain/collaboration-becomes-key-to-success-for-retailers-and-suppliers.

4. Ibid.

5. Figures based on A.T. Kearney analysis.

第十五章　亚马逊与配送时代

1. Eugene Kim, "Leaked documents show Amazon is making a big play to bypass UPS and FedEx," *Business Insider*, February 9, 2016, http://www.businessinsider. com/leaked-documents-about-amazons-global-logistics-business-2016-2.

2. Robin Lewis, "Amazon's Shipping Ambitions Are Larger Than It's Letting On," *Forbes*, April 1, 2016, https://www.forbes.com/sites/robinlewis/2016/04/01/planes-trains-trucks-and-ships/#2c602ade6d39.

3. Robin Lewis, "Amazon's Shipping Ambitions Are Larger Than It's Letting On," *Forbes*, April 1, 2016, https://www.forbes.com/sites/robinlewis/2016/04/01/planes-trains-trucks-and-ships/#2c602ade6d39.

第十六章　平台

1. Geoffrey G. Parker and Marshall W. Van Alstyne, *Platform Revolution: How Networked Markets Are Transforming the Economy—And How to Make Them Work for You* (New York: W. W. Norton, 2016).

2. Phil Wahba, "How Macy's New CEO Plans to Stop the Bleeding," *Fortune*, March 22, 2017, http://fortune.com/2017/03/22/macys-ceo-plan/.

3. David Gelles and Rachel Abrams, "Macy's to Buy Bluemercury Spa and Beauty Chain," *Dealbook* (blog), *The New York Times*, February 3, 2015, https:// dealbook.

nytimes.com/2015/02/03/macys-to-acquire-bluemercury/?_r=0.

4. Adam Levine-Weinberg, "J.C. Penney Is Leaning on Sephora to Lead Its Comeback," *The Motley Fool*, March 22, 2016, http://www.fool.com/investing/general/2016/03/22/jc-penney-is-leaning-on-sephora-to-lead-its-comeba.aspx.

5. Mike Hower, "Timberland and VF: A Tale of Merging Two Sustainability Programs," *GreenBiz*, February 24, 2016, https://www.greenbiz.com/article/timberland-and-vf-tale-merging-two-sustainability-programs.

6. "Ascena Retail Group, Inc. to Acquire Ann Inc. for $47 per Share in Accretive Transaction," *PR Newswire*, May 18, 2015, http://www.prnewswire.com/news-releases/ascena-retail-group-inc-to-acquire-ann-inc-for-47-per-share-in-accretive-transaction-300084673.html.

第十七章　使改变切实可行

1. Josh Constine, "Facebook Beats in Q4 with $8.81B revenue, Slower Growth to 1.86B Users," *TechCrunch*, February 1, 2017, https://techcrunch.com/2017/02/01/facebook-q4-2016-earnings/.

2. Fareeha Ali, "How Chubbies Uses Social Media to Build its Brand," *Internet Retailer*, June 15, 2016, https://www.digitalcommerce360.com/2016/06/15/how-chubbies-uses-social-media-build-its-brand/.

3. Barry Schwartz, *The Paradox of Choice: Why More Is Less* (New York: HarperCollins, 2004).

4. Denise Lee Yohn, "Trader Joe's, Where Less Is More," *Business Insider*, May 31, 2011, http://www.businessinsider.com/trader-joes-where-less-is-more-2011-5.

5. Leonie Barrie, "VF Corp's Third Way Shores Up Key Supplier Partnerships," *Just-Style News and Comment*, December 14, 2015, http://www.just-style.com/

analysis/vf-corps-third-way-shores-up-key-supplier-partnerships_id126825.aspx.

第十八章　行业理念

1. "Myths, Exaggerations and Uncomfortable Truths," http://www-935.ibm.com/ services/us/gbs/thoughtleadership/millennialworkplace/.

2. Lydia Saad, "The '40-Hour' Workweek Is Actually Longer—by Seven Hours," Gallup.com, August 29, 2014, http://www.gallup.com/poll/175286/hour-workweek-actually-longer-seven-hours.aspx.